カラー写真でよくわかる 色の便利帳

永田泰弘

メディアファクトリー新書　087

メディアファクトリー新書 087
カラー写真でよくわかる 色の便利帳　目次

はじめに ……………………… 5
色の基礎知識 ………………… 6

第1章
赤 の仲間 …………………… 11
〈色のコラム〉かさねの色目 ……… 40

第2章
黄・橙 の仲間 ……………… 43
〈色のコラム〉蝶と色 ……………… 62

第3章
緑 の仲間 …………………… 65
〈色のコラム〉宝石と色 …………… 90

第4章
青 の仲間 …………………… 93
〈色のコラム〉芸術家と色 ………… 116

第5章
紫の仲間 …………………………119
〈色のコラム〉身分の色 …………………………136

第6章
茶の仲間 …………………………139
〈色のコラム〉江戸の色・四十八茶百鼠 …………………………166

第7章
無彩色の仲間 …………………………169

おわりに …………………………186
色名索引 …………………………188
参考文献・写真提供 …………………………190

※各色の掲載ページは巻末の「色名索引」に記載しています。

『カラー写真でよくわかる 色の便利帳』制作者

著者
永田泰弘

カバーイラスト
つくし

カバー著者撮影
三好征紀

本文DTP
小川卓也（木蔭屋）

校正
畑中省吾

装丁
下平正則

技術協力
栗原哲朗（図書印刷）
若林充康（図書印刷）
深谷恭平（図書印刷）

編集
風間千鶴（ボノボプロダクション）
佐藤誠二朗（ボノボプロダクション）

編集長
安倍晶子（メディアファクトリー）

はじめに

　古代の人たちは大空に大きな弧を描いて出現する虹を、その不可思議さと美しさのゆえに、吉とも凶とも感じていたという。虹のメカニズムはすべて解明されているにもかかわらず、その色は国によって7色でなく6色、5色、3色などと認識されている。これは、色が主観的な存在だからだ。

　人はそれぞれ色を主観でとらえている。だから「色をコミュニケーションする」ために、色彩研究者は感覚量を計測して定義する努力を続けているのだ。

　日常生活に必要な色名は、時代や産業など様々な条件により、生まれては消えていく。本書では日本文化として残った色名の代表的なものを中心に150色厳選し、意味を直感的に記憶できるよう、写真と色票を組み合わせて紹介している。

　人は数百万の色を見分けるというが、実際の生活ではごくわずかな色名しか使いこなせていない。お上の目を逃れて粋を競うため、100色の鼠色を使い分けた江戸時代はすでに遠く、私たちは日本のふくよかな文化が生んだ多彩な色から遠ざかりがちだ。本書で写真と色票の美しい響き合いを楽しんだあとは、写真に付した色名の由来をお読みいただきたい。色を名づけ、美しいものとして伝えていった東西の「暮らし」の奥深さに心が潤ってくるだろう。

　日本工業規格のなかでは参考値として定義される色名を大きく掲げ、マンセル値、系統色名法、CMYK値とRGB値も併記して、色を再現する際の便宜を図ることにした。

　読者が、日々の暮らしのなかで楽しみながら活用してくだされば幸いである。

色の基礎知識

　私たちは普段、無意識のうちに物体の外観を知覚、認識して生活をしている。そして目にした物体の情報やイメージをより正確に伝え合ううえで、「形」や「大きさ」「質感」の他、「色」が重要な役割を果たしている。

　だが色の場合「ピンク」とひと言でいっても、そのイメージは人それぞれ違っている。キャバクラ嬢のショッキングピンクの爪を連想する人もいれば、咲き始めた桜の花びらのような白に近い淡いピンクを連想する人もいるだろう。

　よって、私たちがより正確に色のイメージを共有するためには、客観的なものさしが必要になってくる。

マンセル表色系

　アメリカの美術教師A.H.マンセルは20世紀初め、色相、明度、彩度の3つの基準によって色を客観的に記述する方法を考案し、1905年に「色彩表記法」を発表した。この方法は「マンセル表色系」と呼ばれ、「青系の(色相)」「暗い(明度)」「鈍い(彩度)」などというように、一つの色を3つの数値の組み合わせで表記する。

【色相】

　色相とはいわゆる"色み"のことで、赤(R)、黄(Y)、緑(G)、青(B)、紫(P)の5色を基本とし、その間に黄赤(YR)、黄緑(GY)、青緑(BG)、青紫(PB)、赤紫(RP)の中間色を入れた計10色相が「マンセルの基本色相」である。近い色が隣り合うように色相を並べて環にしたものを「マンセル色相環」という。色相はそれぞれ、基本色相を5からさらに細かく10分割し、「1〜10」+「基本色相名の頭文字」で表記する。例えば基本色相である「赤」は5Rである。

　色相の数値は時計回りに5R、6R、7R……と増え、10Rまで来たら基本色名が変わり、また1YR……10YRと繰り返す。

【明度】
　感覚的に等しくなるように「0〜10」の10段階に分け、明るい色ほど大きな数値で表すのが明度である。しかし、目で見える光を全吸収する「完全な黒」と、目に見える光を全反射する「完全な白」は、原理的にしか存在しないため、現在の「JIS標準色票」で最も暗い黒は明度値1、最も明るい白は明度値9.5で表されている。

【彩度】
　彩度とは色の鮮やかさを表す基準である。無彩色軸を起点にして数値が大きいほど鮮やかな色となる。
　A.H.マンセルは当初、彩度の上限を5としようとしたが、感覚的に等しい間隔になるように配置していくと、色相によって彩度の段階が異なることがわかった。現在の「JIS標準色票」では、最も多い赤(R)の場合、彩度は1〜14の14段階で、使用できる顔料の制約により紫(P)は8段階で表されている。

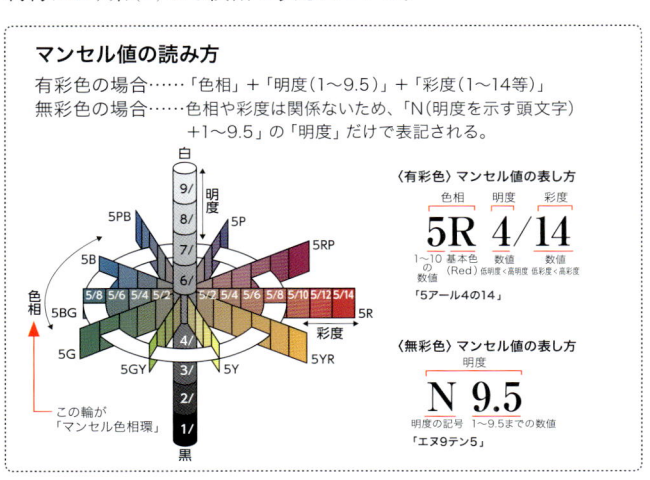

系統色名と略記号について

　系統色名は、産業界における色の伝達に共通性をもたせるためにつくられたルール。前述の有彩色10基本色に白、灰色、黒を加えた13色に右表に示す修飾語を系統的に組み合わせて、350色名がつくられている。私たちが日常的に使っている、「こい青紫」「やわらかい紫みの赤」や「黄みを帯びた赤みの明るい灰色」といった表現である。本書ではJIS規格の「物体色の色名」の規定に基づいて系統色名と略号による色名を記載した。個々の略記号は右のとおり。

	言葉	略号		言葉	略号
有彩色の修飾語	あざやかな	vv	色みの修飾語	赤みの	r
	明るい	lt		黄みの	y
	つよい	st		緑みの	g
	こい	dp		青みの	b
	うすい	pl		紫みの	p
	やわらかい	sf			
	くすんだ	dl	基本色名	赤	R
	暗い	dk		黄赤	YR,O
	ごくうすい	vp		黄	Y
	明るい灰みの	lg		黄緑	YG
	灰みの	mg		緑	G
	暗い灰みの	dg		青緑	BG
	ごく暗い	vd		青	B
無彩色	うすい	pl		青紫	PB,V
	明るい	lt		紫	P
	中位の	md		赤紫	RP
	暗い	dk		白	Wt
				灰色	Gy
				黒	Bk

CMYK と RGB

　色と色を混ぜれば、新しい色ができる。この色についての基本原則を、私たちは誰もが、小学校の図工の時間にパレットの上で目にしている。色を混ぜ合わせて新たな色をつくる方法には、「減法混色」と「加法混色」という2つの方法がある。

　減法混色は印刷物などに用いられる方法で、あざやかな明るい青であるシアン（C）、あざやかな赤紫であるマゼンタ（M）、そしてあざやかな黄であるイエロー（Y）という色材の3原色を重ね合わせたり網点を配置して様々な色を表現する。重ねれば重ねるほど、

できる色は暗くなる。例えばシアンとマゼンタを重ねると青紫、マゼンタとイエローを重ねると赤、イエローとシアンを重ねると緑、すべてをバランスよく重ねると黒になる。ただ、原理としては可能であっても、実際にこの3色を組み合わせて黒をつくるのは難しいうえ、印刷物に黒い小さな文字の存在は不可欠なので、印刷機にはブラック(K)インキが搭載されている。このCMYK 4色の割合をパーセンテージで示すことによって、印刷色を指定できる。

　減法混色に対し、色のついた光を重ね合わせることで新たな色をつくる方法がある。これが加法混色である。

　デジタル社会を生きる私たちにとって、目にしない日はないほど普及しているテレビやパソコンのモニター画面からは、色のついた光(色光)が放たれている。1点を1つのスポットライトで照らすときよりも、2つのライトで照らすほうがエネルギーが増幅して明るくなるのと同じ原理で、色光は重ねれば重ねるほど明るくなる。

　色光の基本となるのは、赤(Red)・緑(Green)・青(Blue)の3種で、これを「光の3原色」という。これらを2つ以上組み合わせ、RGB値で色を表示する加法混色は、IT、写真、印刷等の業界でよく用いられている。

　モニター上では、赤と緑でイエロー、緑と青でシアン、青と赤でマゼンタをつくることができ、3色をバランスよく組み合わせれば白をつくることもできる。

　本書ではそれぞれの慣用色を4色印刷(CMYK)で可能な限り再現し、そのCMYK値と、CMYK値をフォトショップで変換したRGB値を掲載した。同時に掲載しているマンセル値と系統色名は参考値であり、写真の下の色票と完全に同じ色ではないことをあらかじめご了承いただきたい。

各色の説明

本書では日本に古来ある和の色を中心に、私たちが生活のなかでよく使う慣用色を150色紹介する。写真はその色のイメージのもととなった事物や、その色を目指して加工した工芸品などである。

- 通し番号　見開きの左端にはその章で扱う色のチップを掲載
- 色の名前　日本工業規格「物体色の色名」における「慣用色名」
- 読み方
- 対応する系統色名　基本色に各種の修飾語を組み合わせた JIS 規格の呼び方
- 系統色名の略記号
- 色票
- 英語名　日本で使用する場合のイメージで英訳を試みた
- RGB値　R（レッド）G（グリーン）B（ブルー）を加えてデジタル上で発色させる場合の256段階の数値
- CMYK値　C（シアン）M（マゼンダ）Y（イエロー）K（ブラック）値
- マンセル値　7RP（色相）7.5（明度）/8（彩度）

第 1 章

赤 の仲間

鴇色【ときいろ】

[明るい紫みの赤] lt-pR

Japanese crested ibis pink

鴇色は「鴇羽色」や「朱鷺色」、また「時色」などの漢字でも表される。コウノトリ目トキ科の鳥であるトキの風切羽や尾羽の色をいう。トキは江戸時代までは日本各地で見られたが、現在では天然記念物・国際保護鳥となった。トキの羽根は古くから珍重され、伊勢神宮では神宝の太刀を巻く羽根として今も使われている。学名はニッポニア・ニッポン。

7RP 7.5/8　C0 M37 Y13 K0　R250 G156 B184

珊瑚色【さんごいろ】
[明るい赤] lt-R

coral pink

珊瑚礁を形成する海産動物の一種であるサンゴの色。古くから宝飾品にされ、仏教の七宝の一つでもある。仏教の七宝とは金、銀、瑠璃、玻璃、しゃこ（シャコ貝）、珊瑚、瑪瑙などだ。サンゴを粉末にしたものは岩絵具として日本画に使われる。サンゴにも様々な色があるが、なかでも明るい赤が珊瑚色と呼ばれる。

2.5R 7/11　C0 M45 Y31 K0　R255 G127 B143

3

桜色 【さくらいろ】
[ごくうすい紫みの赤] vp-pR

cherry blossom pink

バラ科サクラ属の落葉木であるサクラの花びらのような色。日本で最も一般的なソメイヨシノは江戸時代末期に改良された品種のため、江戸時代に色名が確立した桜色は、古くからあったヤマザクラのほうが由来と考えられる。薄い紫みのピンクで表し、同じバラ科で春に花を咲かせるモモの「桃色」よりも色が薄い。サクラは日本の国花。

10RP 9/2.5　　C0 M9 Y5 K0　　R251 G218 B222

桃色【ももいろ】
[やわらかい赤] sf-R

peach blossom pink

バラ科の落葉小高木で、3〜4月に花を咲かせるモモの花のようなやわらかい赤。『日本書紀』にも記されている古い色名である。モモの花はひなまつりに飾る習慣があり、女の子の色として定着していった。桃色はモモの花の色を指し、外来語のピーチカラーはモモの果実の色を指している。

2.5R 6.5/8   C0 M55 Y25 K0   R227 G128 B137

5

紅梅色 【こうばいいろ】
[やわらかい赤] sf-R

plum blossom pink

バラ科サクラ属のウメの一品種である、紅梅の花の色。やわらかい赤。江戸時代以降、花見といえばサクラだが、奈良時代には花見といえば梅見を指すことが多かった。実を食用にするために各地で栽培され、品種も増えた。平安時代の典型的な淡い赤で、紅梅色の染色にはベニバナやスオウが使われた。

2.5R 6.5/7.5   C0 M51 Y28 K0   R223 G130 B138

躑躅色 【つつじいろ】
[あざやかな紫みの赤] vv-pR

azalea pink

ツツジ科ツツジ属の花の色からつけられ、特にあざやかな紫みの赤を躑躅色という。日本では平安時代から使われている色名。ツツジは古くから改良されてきており、非常に品種が多い。春先に一斉に花を咲かせ、今は街路や公園に植えられて、目につきやすい花となっている。

7 RP 5/13　　C0 M83 Y3 K0　　R207 G64 B120

7

薔薇色【ばらいろ】
[あざやかな赤] vv-R

rose red

バラ科のバラの花の色。特に赤系統の花の色を薔薇色という。西洋バラにちなむ色名で、日本では明治以降に使われるようになった。また薔薇色は「薔薇色の人生」など、幸福に満ちた状態を表す比喩にも用いられる。人気の栽培花卉のため開発競争が行われ、バラの花の色は多岐にわたる。

1R 5/13　　C0 M82 Y42 K0　　R213 G62 B98

牡丹色【ぼたんいろ】
［あざやかな赤紫］vv-RP

peony purple

中国原産のボタンの花の色。ボタンは奈良時代に日本へ渡来したが、実際に色名の牡丹色が使われるようになったのは明治以降に化学染料が登場してからである。ボタンは品種が多く花の色も様々だが、牡丹色は紫がかった紅色の花のような色を指す。

3RP 5/14　　C6 M84 Y0 K0　　R201 G64 B147

9

紅色【べにいろ】

[あざやかな赤] vv-R

safflower red

キク科の二年草であるベニバナから抽出される色素の色を紅色という。紅の名は「中国の呉の国から伝わった藍（染料）」という意味の「呉藍」が「紅」に転訛したもの。近世から紅色というようになった。「すえつむはな」「くれのあい」は古名。顔料の朱色は紅色よりも黄みを帯びた赤。ベニバナの色素は古くから口紅にも使われてきた。写真はベニバナ。

3R 4/14　　C0 M100 Y65 K10　　R190 G0 B63

韓紅色【からくれないいろ】

[あざやかな赤] vv-R

Korean vivid red

濃い紅色を韓紅（唐紅）色という。韓紅の「韓」は朝鮮半島からの「舶来」の意味で、韓紅は染め色の紅く美しいさまを賞賛するときに使われる雅語。似た色の猩々緋(しょうじょうひ)は、中国の空想上の動物である猩々の血の色、またはその血で染めたような色。最も赤いとされる色でもある。写真は「紅縮緬地秋草歌絵模様縫小袖」（国立歴史民俗博物館・蔵）。

1.5R 5.5/13　C0 M80 Y45 K0　R230 G75 B107

11

茜色 【あかねいろ】
[こい赤] dp-R

madder red

茜色は、アカネ科の多年草であるアカネ（東洋茜）の根から得られる染料で染めた色。「赤い根」が色名の由来。こい赤。濃い夕焼け空の色の表現としても使われる。また茜染めの鮮やかな、強い黄みの赤を緋色という。古代から使われてきた典型的な赤色染料である。

4R 3.5/11　　C0 M94 Y70 K30　　R158 G34 B54

紅緋【べにひ】

[あざやかな黄みの赤] vv-yR

red dyed safflower on yellow

「紅」と「緋」は赤の代表的な伝統色。紅は紫みを、緋は黄みを帯びた赤。紅緋は、赤のなかの赤といった意味。また紅緋は実際には茜染めではなく、紅花染めにウコンやキハダ、クチナシなどの黄色を重ねて染めたものだとされる。写真は赤く熟したクチナシの実(写真提供・四季の山野草)。

6.8R 5.5/14   C0 M86 Y82 K0   R239 G70 B68

13

赤 【あか】
[あざやかな赤] vv-R

red

赤は「あけ(明け)」や「あかし(明かし)」が語源とされている。紅色、朱色、蘇芳などかなり広範に及ぶ色を示す基本色彩語でもある。赤は、赤の他人、真っ赤な嘘といった場合に「明らかな」の意味として使用される。赤に感じるイメージは、慶祝、情熱、活力、危険、怒りなど力強く鮮烈である。JIS の規定で赤は防火や禁止標識に使われる。

5R 4/14　　C0 M100 Y78 K0　R190 G0 B50

朱色 【しゅいろ】

［あざやかな黄みの赤］vv-yR

vermilion

古代から用いられた硫化水銀を主成分とする、黄みを帯びた赤い顔料の色。かつては中国の辰州産の朱を辰砂（しんしゃ）と呼んで名品とし、天然ものは朱砂、真朱（まそほ）といった。硫化水銀は毒性があり、現代では使用が限定されている。一方で、水銀と硫黄による人造的な顔料を水銀朱という。昔の朱肉の色。

6R 5.5/14   C0 M83 Y95 K0   R239 G69 B74

15

鉛丹色【えんたんいろ】
［つよい黄みの赤］st-yR

red lead

四酸化三鉛（酸化鉛）を主成分とする人造顔料の色。「丹」は「赤い土」を意味する。古くから神社仏閣などに塗られ、絵具や陶磁器の釉(うわぐすり)などとしても使用されてきた。鉄骨や船の錆止めに使われていたが、鉛には毒性があるため、現在は使用範囲が減少している。

7.5R 5/12　　C0 M74 Y63 K5　　R209 G72 B62

黄丹【おうに】
[つよい黄赤] st-O

orange of the Prince Imperial

キク科のベニバナとアカネ科のクチナシで染めるつよい橙色。「おうたん」とも読む。平安時代、皇太子のみ着用が許された禁色で、専用の袍を「黄丹の衣」という。現代の皇室でもこの伝統は守られている。雛人形の衣装に見ることができる色(写真提供・市川豊玉)。

10R 6/12　C0 M65 Y70 K0　R235 G105 B64

スカーレット

[あざやかな黄みの赤] vv-yR

scarlet

スカーレットはペルシャ語で茜染めの高級織物を語源とし、日本の緋色に近い色とされる。日本の緋色は茜染めなのに対し、スカーレットはケルメスカイガラムシで染められていた。ホーソンの小説「緋文字」では清教徒の罪を象徴する色とされる。写真はスカーレットアイビス(ショウジョウトキ)。

7R 5/14　　C0 M80 Y75 K0　　R222 G56 B56

コチニール レッド ［あざやかな紫みの赤］vv-pR

cochineal red

中南米のサボテンに寄生するコチニールカイガラムシから抽出されるコチニール色素の赤。ヨーロッパでは別のカイガラムシからのケルメスが使われていたが、16世紀にコロンブスの米大陸発見により、コチニール染料が伝わり、赤い染料の主流となっていった。コチニールによる代表的染色例がカージナルレッドと呼ぶ枢機卿の礼服である。写真はカージナルという鳥。

10RP 4/12　　C0 M90 Y40 K20　　R174 G43 B82

19

臙脂【えんじ】
[つよい赤] st-R

Chinese strong red

古代中国の燕の国から渡来した赤という意味。「燕脂」、「燕支」ともいう。コチニールカイガラムシやラックカイガラムシなどの総称をエンジムシと呼び、それらの染料は生臙脂。臙脂色は紅花や茜染めによる濃い赤も指し、明治以降、人工染料で発色できるようになり臙脂の色名は広く伝わることになった。写真はサボテンの上のコチニールカイガラムシ。

4R 4/11　　C0 M80 Y52 K33　　R173 G49 B64

蘇芳【すおう】
[くすんだ赤] dl-R

red dyed with Brazil wood

「蘇方」、「蘇枋」とも書く。スオウは、インド、ビルマなどの熱帯地方に成育するマメ科の植物。そのスオウの芯材から得られる染液で染めた、くすんだ紫みの赤に蘇芳という色名がついた。スオウをミョウバンで媒染（染料を固着させる染め方の一種）すると鮮やかな赤となり、これを「赤蘇芳」という。

4R 4/7 C0 M75 Y50 K45 R148 G71 B75

21

ピンク
[やわらかい赤] sf-R

pink

ピンクは英語でナデシコ科ナデシコ属の植物の総称。そのなかでもナデシコの花やセキチク(石竹)の花の色をピンクという。欧米でも日本でも、明るく薄い赤の基本色彩語として使われる。英語圏ではピンクはナデシコの色であり、日本では桃色ということになる。写真はナデシコの花(写真提供・四季の山野草)。

2.5R 7/7　　C0 M43 Y25 K0　　R234 G145 B152

シェルピンク [ごくうすい黄赤] vp-0

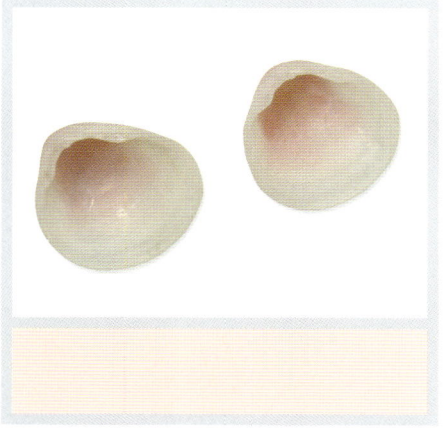

shell pink

多くの貝殻の内側に見える黄みがかったピンク色のこと。ニッコウガイ科の二枚貝であるサクラガイなどの特定の貝殻の色とする説もある。しかし実際にはサクラガイよりもシェルピンクのほうが、かなり淡い色で表現される。

10R 8.5/3.5　C0 M18 Y13 K0　R249 G201 B185

23

サーモンピンク

[やわらかい黄みの赤] sf-yR

salmon pink

サーモンピンクは、鮭の切り身のようなオレンジがかったピンク色のこと。魚の切り身が由来となった色名は世界的にも珍しい。近いものに、シュリンプピンクという色がある。小さな食用エビが茹であがったときのピンク色を指す。

8R 7.5/7.5　C0 M40 Y36 K0　R255 G158 B140

オールドローズ

[やわらかい赤] sf-R

old rose

枯れて灰色がかったバラの色。オールドはご存じ「古い」「昔の」などの意味で、くすんだ色の接頭語。オールドローズの色名は19世紀後半からファッション用語として広まり人気が出た。別に、品種改良による1867年のラ・フランスというバラが誕生する以前のバラを「オールドローズ」、誕生以降のバラを「モダンローズ」と称している。

1R 6/6.5　　C0 M50 Y23 K15　　R198 G122 B133

25

ワインレッド

［こい紫みの赤］dp-pR

wine red

ワインレッドは赤ワインの色の一般的な色の表現で、濃い赤紫色を表している。ワインは透明な液体であり、ワイングラスの大きさで色の濃さが変わる。また、ワインは産地や種類によって味も香りも色も異なるため、地域によってボルドー、クラレット、バーガンディーなどの色名も生まれた。

10RP 3/9　　C3 M80 Y36 K50　　R128 G39 B63

ボルドー

[ごく暗い赤] vd-R

wine color of Bordeaux

フランス南西部の都市であるボルドー一帯でつくられるワインの色をボルドーという。ボルドーはブルゴーニュと並ぶ世界最大のワインの産地。ボルドーの赤ワインは一般に、生食には適さずワインとして最良の苦みや渋みを備えたブドウ品種カベルネ・ソーヴィニヨンなどが原料となっている。それに比べ、ブルゴーニュ産のワインはフルーティな味わい。

2.5R 2.5/3   C4 M70 Y50 K75   R83 G54 B56

27 バーガンディ

[ごく暗い紫みの赤] vd-pR

wine color of Burgundy

フランス東部のブルゴーニュ地方でつくられるワインの色がバーガンディーと呼ばれる。これはブルゴーニュという地名（当時は独立国家）がそのまま英語表現になったもの。日本で有名なボージョレー・ヌーボーなどもブルゴーニュ産である。バーガンディーの色は実際のブルゴーニュワインより暗い色で表現される。ブドウの品種はピノ・ノワールが主流。写真はブルゴーニュのブドウ畑。

10RP 2/2.5　　C0 M70 Y35 K85　　R68 G46 B49

金赤【きんあか】
[あざやかな黄赤] vv-0

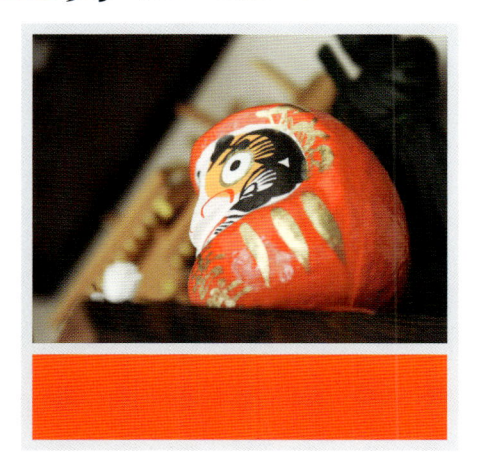

bronze red

金色の輝きを持つ赤のことで、印刷インキの色名。印刷面にはブロンズ光沢が見られる。ブロンズ光沢は微小な顔料の結晶が表面に析出することによって見える。一般にマゼンタとイエローを100%ずつ、ないしマゼンタを80〜90%に下げた割合で出す色といわれる。雑誌のタイトルやスーパーのチラシの価格表示など、目を引く色として多く使われる。

9R 5.5/14　C0 M92 Y100 K0　R234 G78 B49

【色のコラム】

かさねの色目

　平安時代の文化はすなわち貴族の文化といっていい。貴族の女性たちは着物を身につける際、「染め色」「織り色」「重ね色」の3つの方法で服飾の色彩美を楽しんだ。

「染め色」は布を直接染めた色、「織り色」は先染の経糸と緯糸を織り込んでできた色、「重ね色」は一枚仕立ての単衣を二枚組み合わせたときの色の見え方である。この重ねによる配色は、表側の単が全面的に色彩を放つが、2枚目との襟元の配色や透けて表れる2枚目の色が微妙な相乗効果を生み「重ねの色目」とよばれた。この美意識は現代の和服の本襟と半襟の配色に残されている。

　また、平安中期になると十二単のように袿を何枚も美的に重ねて華やかさを演出した。色とりどりの袿が幾重にも重ねられることをのちに「襲の色目」と呼ぶようになった。十二単は主に装束としてハレの場所で着用され、最盛期には20枚も袿を重ねたが、のちに5枚が主流となったため、五衣といわれた。

　2つの「かさねの色目」には、それぞれ自然から想を得た雅やかな名がつけられており、季節、年齢、行事などによりふさわしい配色が選ばれた。右に代表的な「重ねの色目」を紹介する。

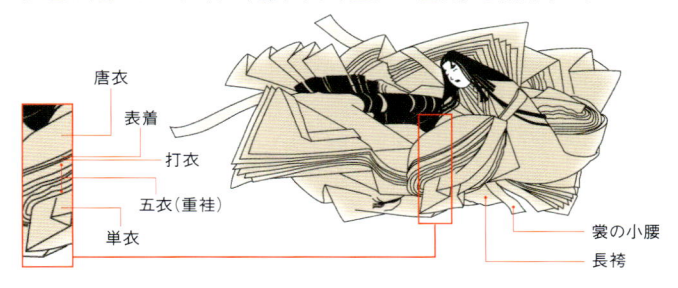

- 唐衣
- 表着
- 打衣
- 五衣（重袿）
- 単衣
- 裳の小腰
- 長袴

春　　紅梅／蘇芳　「紅梅」　　　　淡青／濃青　「若草」

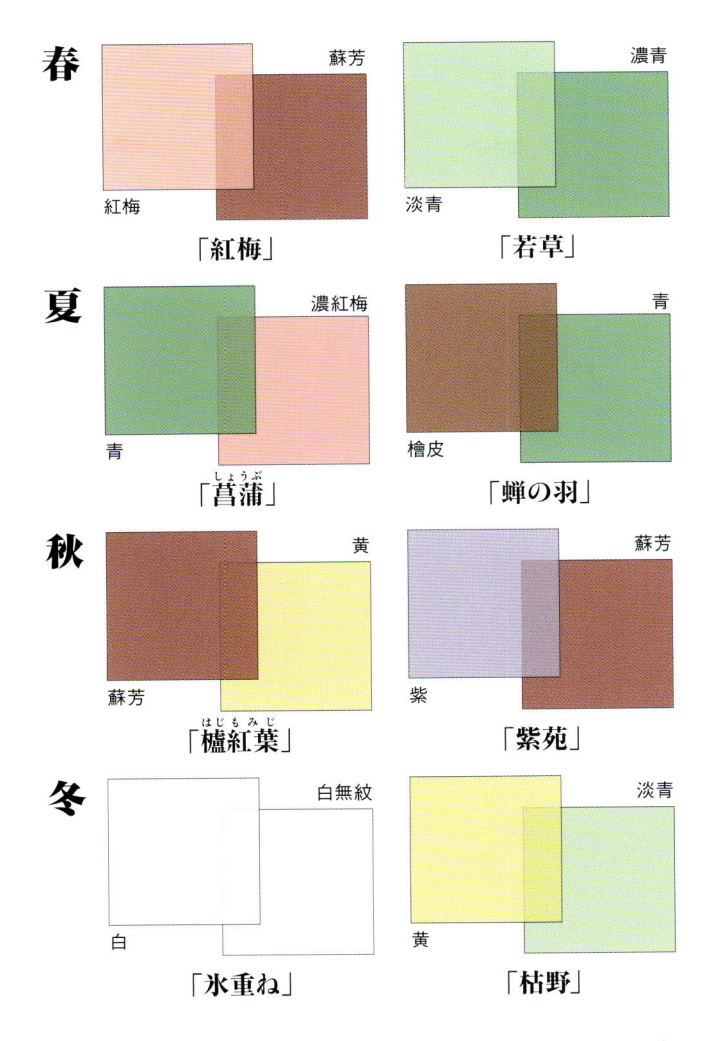

夏　　青／濃紅梅　「菖蒲(しょうぶ)」　　檜皮／青　「蝉の羽」

秋　　蘇芳／黄　「櫨紅葉(はじもみじ)」　　紫／蘇芳　「紫苑」

冬　　白／白無紋　「氷重ね」　　黄／淡青　「枯野」

「伊衡の少将／松岡映丘」姫路市立美術館蔵

第 2 章
黄・橙の仲間

橙色【だいだいいろ】

[あざやかな黄赤] vv-O

orange

ミカン科の常緑樹であるダイダイの実の色。基本色彩語の一つ。ダイダイは、次の実がつくまで実が落ちないことから、子孫繁栄の縁起物として正月飾りなどに使われてきた。日本では英語のオレンジ色に対応する色として採用されたが、教育漢字に「橙」が含まれないため、オレンジ色が一般に知られるようになった（写真提供・四季の山野草）。

5YR 6.5/13　C0 M60 Y100 K0　R239 G129 B15

柿色 【かきいろ】
[つよい黄赤] st-O

Japanese persimmon orange

カキノキ科の落葉樹であるカキの実の色。カキは日本でも古くから栽培されてきているが、意外にも、柿色が用いられるようになったのは近世のこと。それまでの色名は照柿といった。江戸時代まで柿色の名で呼ばれていたのは、渋柿の絞り汁の防腐性を活かして紙、麻、木製品や建材を染めた色であった。カキは西欧でもkaki。東洋が原産地だからだ。

10R 5.5/12　　C0 M70 Y75 K0　　R219 G92 B53

杏色【あんずいろ】

[やわらかい黄赤] sf-O

apricot orange

中国原産のバラ科の落葉小高木であるアンズの実の色。杏木色とも書く。アンズは古来、唐桃と呼ばれていて、杏色は古い色名ではない。英語の apricot（アプリコット）の訳語とされる。アンズの種から杏仁油、杏仁水がつくられ、古代から日本や中国では咳止め薬として使用された。果肉は現在でもジャムや菓子の材料として親しまれている。

6YR 7/6　　C0 M35 Y55 K0　　R216 G159 B109

蜜柑色【みかんいろ】
[あざやかな黄赤] vv-O

fruit color of Japanese mandarin orange

ミカン科の常緑低木の実、ミカンの色。特に温州ミカンの色をいう。温州は中国にある都市の名前だが、温州ミカンは南九州が創生地である。比較的新しい色名で、平安時代からある古い色名には柑子色がある。柑子は温州ミカンの先祖とも呼ばれ、その色はミカンよりも黄色かった。

6YR 6.5/13　　C0 M55 Y100 K0　　R235 G132 B0

33

肌色【はだいろ】
［うすい黄赤］pl-O

flesh color

その名のとおり、人の肌の色のこと。日本人の肌の色とされるが、忠実に再現しているとはいえず、理想化された色である。古代には、肌を表す色名に宍色があった。イノシシなど動物の肉の色からきており、人の肌の色に対しても使われていた。英語の flesh（フレッシュ）も肉の意からきている。他に肉色、人色などの呼び名もあった。

5YR 8/5　　C0 M19 Y29 K0　　R241 G187 B147

ピーチ

[明るい灰みの黄赤] lg-O

peach

バラ科の落葉小高木であるモモの果肉の色。日本で桃色はその花の色に由来するピンク系の色だが、ピーチは淡いオレンジ色。フランス語では peche（ペッシュ）という。ピーチジャムに近い色。子どもの肌の色を連想する言葉として用いるピーチには「かわいい人」の意味もある。

3YR 8/3.5　　C0 M20 Y30 K0　　R232 G189 B165

35

山吹色 【やまぶきいろ】
[あざやかな赤みの黄] vv-rY

Japanese globeflower yellow

バラ科の落葉低木であるヤマブキの花の色。花の色にちなんだ数ある色名のうち、黄色の花からくる色名の代表格。古くから全国で親しまれてきた花だけのことはある。平安時代の襲(かさね)の色としても知られ、クチナシとアカネかベニの組み合わせで染められていた。黄金の色に似ていることから大判、小判を意味するようになり、「黄金色」とも呼ばれた。

10YR 7.5/13　C0 M35 Y100 K0　R248 G169 B0

卵色【たまごいろ】

[明るい赤みの黄] lt-rY

eggyolk yellow

玉子色とも表記する。卵色は、鶏卵の卵の黄身の色といわれるが、薄い色で表現されているために、茹で玉子の色とも黄身と白身を混ぜたものの色ともいわれる。江戸時代前期から使われ、染色にも見られる。鶏卵の殻の色からきた鳥の子色のほうは、平安時代から使われているようだ。高級和紙「鳥の子紙」はこちらの色名を使っている。

10YR 8/7.5　C0 M23 Y60 K0　R244 G189 B107

第2章 黄・橙の仲間

37

向日葵色【ひまわりいろ】
[あざやかな黄] vv-Y

sunflower yellow

色名のとおりキク科の花、ヒマワリの花の周縁部の花びらの色。ヒマワリは北アメリカ原産で、茎の高さが2〜3mにもなる。採油用、食用、鑑賞用の大きな花は夏の季語とされている。江戸時代まで日本では鮮やかな黄色の染色が困難で黄色の色名に乏しかったが、19世紀後半、化学染料が普及し、色名が増えた。向日葵色もその一つである。

2Y 8/14　　C0 M25 Y100 K0　　R255 G187 B0

蒲公英色【たんぽぽいろ】
［あざやかな黄］vv-Y

Japanese dandelion yellow

キク科の植物であるタンポポの花の色。日本在来の種も残っているが、今、一般的に見られるタンポポは外来種のセイヨウタンポポが多い。タンポポは世界各国に花を咲かせ、種類は約2000種類もあるという。タンポポは食用になり、西洋ではサラダとしても食べられる。日本でも戦時中はタンポポの根を炒ってコーヒーの代用にしたとのこと。

5Y 8/14　　C0 M15 Y100 K0　　R227 G199 B0

39

鬱金色 【うこんいろ】
[つよい黄] st-Y

yellow dyed turmeric

ウコンはアジア熱帯原産のショウガ科の植物。このウコンの根や根で染めた色を鬱金色という。鎌倉時代から使われている色名。鬱金木綿で貴重な陶器や什器を包む風習が今も残っている。英名はターメリックで、カレーなどに使用される香辛料(写真)として有名。日本では沖縄でウコンを栽培し、「うっちん」と呼んで、健康食品や生薬として売っている。

2Y 7.5/12 C0 M30 Y90 K0 R237 G174 B0

黄色【きいろ】

[あざやかな黄] vv-Y

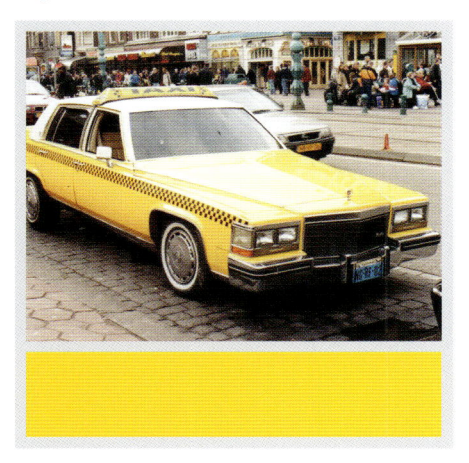

yellow

基本色彩語の一つ。五行思想では、土、中央、日光、黄帝などを示し、「黄」は奈良時代からの表現。古代中国では皇帝の色とされたのに対し、日本では衣服令の頃に無位無官の色とされていた。用例には、黄土、黄葉、黄褐色、黄金、黄沙、雄黄、雌黄などが見られる。虹の七色の一つであり、色材の三原色の一つ。

5Y 8/14　　C0 M15 Y100 K0　　R227 G199 B0

41

ブロンド

［やわらかい黄］sf-Y

blond

ブロンドとは金髪のこと。その色を指す、やわらかい黄色。古代ゲルマン言語では単に明るい黄色を指す言葉であった。ブロンドはヨーロッパ民族特有の色であり、こんにちでは、プラチナブロンドなど様々な頭髪の色に対して形容詞をつけた色名が存在する。「亜麻色」はブロンドに少し茶が入った、ブロンドの髪の一種に使われる色彩表現。

2Y 7.5/7   C0 M15 Y50 K8   R222 G178 B95

芥子色【からしいろ】

[やわらかい黄] sf-Y

Japanese mustard yellow

練芥子の色を芥子色という。芥子は、アブラナの一種であるカラシナの種子を粉末にした調味料。種子や葉が辛いことから「芥子菜」と名づけられた。英語のmustard（マスタード）の訳語で、マスタードの原料はシロガラシやクロガラシの種子。日本の芥子色のほうがやや明るい色で表現される。辛子色とも表記。

3Y 7/6　　C0 M20 Y70 K25　　R200 G166 B93

43

刈安色 【かりやすいろ】
[うすい緑みの黄色] pl-gY

yellow dyed with Miscanthus tinctorius

カリヤスはイネ科の多年草で黄色の染色に用いられた。語源は「刈りやすい」からきている。歴史は古く、奈良時代から使われている色名。煎じた染液で染色すると、緑味を帯びた爽やかな黄色になる。下染めに使われ、藍を上染めして緑を染めた。延喜式によれば律令制において、刈安色は無位の色であったという。写真はカリヤスの穂（写真提供・四季の山野草）。

7Y 8.5/7　　C0 M3 Y65 K8　　R234 G213 B107

黄蘗色 【きはだいろ】

[明るい黄緑] lt-YG

yellow dyed with bark of Amur cork

キハダはミカン科の落葉高木で、樹皮内部に黄色い色素を含むために古くから染料に使われてきた。その色が黄蘗色。樹皮からできる生薬を黄檗(おうばく)といい、火傷薬や健胃薬のほか、防虫効果も古代の人に知られており、写経用の染紙にも用いられた。黄蘗色の染色は、緑や藍色の染色のため、藍の補助染料としても活用された。写真はキハダの木(写真提供・四季の山野草)。

9Y 8/8   C9 M0 Y70 K0   R214 G201 B73

カナリア

[明るい緑みの黄] lt-gY

canary yellow

カナリアの羽根の色。カナリーとも呼ばれる。カナリアはスズメ目アトリ科の鳥。カナリア諸島原産。姿と鳴き声が美しく、世界中で愛玩鳥として愛されている。ただ野生種の色はくすんだ黄褐色で鶸色(ひわ)(P66)に近く、色名のもとになったのは品種改良後の明るい黄色のカナリアの色である。日本には江戸時代の天明期にもたらされたという。

7Y 8.5/10　　C0 M2 Y70 K0　　R237 G214 B52

レモンイエロー

［あざやかな緑みの黄］vv-gY

lemon yellow

ミカン科レモンの完熟した果実の皮の色。レモンイエローという色名の歴史は古い。インドが原産地のレモンは古くからヨーロッパで食用に栽培されてきており、16世紀には色名がついたという。また、クロム酸ストロンチウム系、クロム酸バリウム系の淡黄色の顔料に対してもレモンイエローの名が用いられる。日本では「檸檬色」と表記する。

8Y 8/12   C4 M0 Y80 K0   R217 G202 B0

【色のコラム】

蝶と色

アゲハチョウ科
キアゲハ
（黄揚羽）

北海道・本州・四国・九州／林縁・草原・農地・公園・河川・湿地・高山
食草：セリ、ミツバ、シシウド、ニンジン、パセリなど（セリ科）

アゲハチョウ科
アオスジアゲハ
（青筋揚羽）

本州・四国・九州・南西諸島／森林・公園。クスノキが街路樹に多い都市で普通に見られる
食草：クスノキ、タブノキ、ヤブニッケイなど（クスノキ科）

　昆虫のなかでも色とりどりの翅(はね)を見せてくれる蝶は昔から人気が高い。このページでは個体の色にちなんだ名前をもち、比較的頭数も多く、美しい蝶を選んでみた。日本に生息している約240種のうち、4分の1以上が絶滅の危機に瀕しているといわれている。蝶でさえ生きられない環境は人が生きる場としてふさわしいといえるだろうか。都会でも食草を増やすことによって、構造色により発色する美しい色彩の蝶と共存したいと思う。

　　参考文献：『フィールドガイド　日本のチョウ』（日本蝶類保全協会編・誠文堂新光社）

アゲハチョウ科
クロアゲハ
(黒揚羽)

本州・四国・九州・南西諸島／森林・林縁・農地・公園・人家
食草：カラスザンショウ、イヌザンショウ、サンショウ、ハマセンダン、栽培ミカン類など(ミカン科)

タテハチョウ科
オオムラサキ
(大紫)

本州、四国、九州／森林・河川
日本の国蝶。
食草：エノキ、エゾエノキ(ニレ科)

マダラチョウ科
リュウキュウアサギマダラ
(琉球浅葱斑)

奄美大島以南の南西諸島
森林・林縁・農地
食草：ツルモウリンカ(ガガイモ科)

マダラチョウ科
スジグロカバマダラ
(筋黒樺斑)

南西諸島／林縁・草原・農地
移動性が高い蝶である。
食草：リュウキュウガシワ、アマミイケマなど(ガガイモ科)

ベニシジミと
黄色い花

第 3 章

緑の仲間

47

鶸色【ひわいろ】

[つよい黄緑色] st-YG

siskin yellowish green

スズメ目アトリ科の鳥であるマヒワの羽根の色からきている。日本では昔はよく見かけた、秋から春にかけて飛来する冬鳥。姿や鳴き声が「ひわやか（細く弱いさま）」であったためにヒワの名前がついたとされる。中世の終わりには色名として用いられている。江戸時代に茶の流行にとともに誕生した鶸茶、そのほか鶸萌木(ひわもえぎ)などの色名もある。

1GY 7.5/8　C5 M0 Y76 K20　R194 G189 B61

鶯色 【うぐいすいろ】
[くすんだ黄緑色] dl-YG

Japanese bush warbler yellowish green

スズメ目ウグイス科の鳥、ウグイスの羽毛のようなくすんだ黄緑色。ウグイスは別名「春告げ鳥」ともいうように、春先から初夏にかけて「ホーホケキョ」と美しく鳴く。『万葉集』にはウグイスを詠んだ春の歌が48首あるほど、古代の日本人に愛されてきた。だが、江戸時代では鶯色よりも茶みがかった鶯茶のほうが圧倒的に知られていた。

1GY 4.5/3.5　　C3 M0 Y68 K62　　R112 G108 B62

49

若草色 【わかくさいろ】
[あざやかな黄緑] vv-YG

fresh grass green

春先に芽吹いた若い草の色。色名は明治時代より使われるようになった。染色の世界で「若」は明るい色を意味するので、若草色は草色より明るい色になる。正月七日の祝いに供される「春の七草」には「若菜色」の表現が用いられる。英語ではフレッシュ・グリーン（fresh green）やスプリンググリーン（spring green）の色名が存在する。

3GY 7/10　C31 M0 Y92 K0　R170 G179 B0

萌黄 【もえぎ】
[つよい黄緑] st-YG

light yellowish green

萌黄は萌木とも表記し、木々に若葉が一斉に萌え出してきた春先の黄緑色をいう。平安時代からの色名で、染色は下色に空色、上染にカリヤスを用いたとされる。『今昔物語集』(巻二十八)に「上着に、紅梅、萌黄など重ね着て、なつかしく歩びたり」と、妻が紅梅と萌黄の衣で若い娘のふりをして、好色家の夫をだます物語がある。

4GY 6.5/9　　C40 M0 Y84 K2　　R151 G166 B30

51

黄緑 【きみどり】
［あざやかな黄緑］vv-YG

yellow green

緑と黄の中間色に黄緑色がある。マンセル表色系の基本色相の一つで、GYの色相記号を使う。鮮やかな黄緑のイメージは、芽生え、新生、春、希望などである。萌黄、若草色、若葉色、草色などが黄緑の仲間。

2.5GY 7.5/11   C35 M0 Y100 K0   R187 G192 B0

若葉色【わかばいろ】

[やわらかい黄緑] sf-YG

young leaves green

若葉色は木々に萌え出た新芽が成長し、青々と茂った時期の葉の色をいう。季節としては初夏の頃。これも青春時代のような若さにたとえられる色名で、使われるようになったのに近代のことだという。英語ではリーフ・グリーン(leaf green)やフォーリッジ(foliage)がそれに近い。

7GY 7.5/4.5   C30 M0 Y52 K10   R169 G192 B135

53

草色 【くさいろ】
［くすんだ黄緑］dl-YG

grass green

夏頃の草のような、やや落ち着いた緑色。英語ではグラス・グリーン（grass green）に相当する。この色名は8世紀には使われていたという。他にも牧草地の草に対してはメドウ・グリーン（meadow green）などが西洋で用いられる。草の色は季節のうつろいや草の種類、利用法によって世界各地で様々な色名を生んできた。

5GY 5/5　　C34 M0 Y70 K48　　R115 G124 B62

抹茶色 【まっちゃいろ】
[やわらかい黄緑] sf-YG

powdered tea green

葉茶を臼でひいて粉末にした抹茶の色。茶道のなかで抹茶には濃茶、薄茶とたて方による違いがあるが、色名のもとになったのは普段たてられる薄茶のほう。抹茶は中国で紀元前3400年頃に生まれたといわれているほど古い。日本には鎌倉時代に高僧によって伝えられた。現代では、茶の湯として飲料にするほか、菓子や料理の材料として人気がある。

2GY 7.5/4　　C10 M0 Y56 K25　　R192 G186 B127

55

海松色 【みるいろ】
[暗い灰みの黄緑色] dg-YG

thick haired codium green

海松は食用にもなる緑藻類ミル科の海藻。特徴ある形を持ち浅瀬に生えるため、昔からなじみのある植物だったらしい。平安時代から使われている伝統的な色名で、「水松色」とも書く。江戸時代、茶みのある海松茶色、藍みがかった藍海松茶色が流行した。明治以降になるとオリーブが色名に登場し、よく似た色である海松色の名はあまり聞かなくなった。

9.5Y 4.5/2.5　　C0 M0 Y50 K70　　R113 G107 B74

苔色 【こけいろ】

[くすんだ黄緑] dl-YG

moss green

苔のようなくすんだ濃い緑色が苔色。苔類、または蘚苔類の種類は合わせて200種ほど存在する。英語のモスグリーン（moss green）も苔の色を表しているが、こちらは19世紀末頃からの呼び名。日本の苔色のほうがはるか昔につくられたのは、日本が高温多湿だからだろう。古くから苔を鑑賞し、愛好してきた日本人らしい独特の感性が感じられる。

2.5GY 5/5　　C40 M0 Y92 K47　　R124 G122 B55

第3章　緑の仲間

57

緑【みどり】
[明るい緑] lt-G

green

緑は草木の葉の色をいう色。基本色彩語の一つ。色相記号はGで表記する。「翠」や「碧」の漢字で表すこともあり、鳥のカワセミ(翡翠)の羽の色から「翠」、碧玉(ぎょく)の石の色から「碧」がとられた。「碧」は深い水の色を指すことが多い。古代日本では緑と青の明確な区別がなかったとされ、今でもその名残がある。緑のイメージは、休息、平和、永遠、信頼、エコ、郷愁などである。

2.5G 6.5/10　　C70 M0 Y70 K0　　R0 G182 B110

緑青色【ろくしょういろ】

［くすんだ緑］dl-G

malachite green

銅に生じた錆のことを緑青という。古代、銅を酸化させて生じる錆から緑色の顔料をつくっていたことに由来する。これを銅青という。仏教伝来とともに中国から日本に伝わった孔雀石（マラカイト・写真）を細かく砕いた顔料も緑青で、石緑（せきろく）ともいう。岩絵具の緑青は青丹（に）とも呼ばれていた。塩基性酢酸銅、塩基性炭酸銅、塩基性硫酸銅などが主成分。

4G 5/4　　C61 M0 Y60 K40　　R77 G129 B105

59

青磁色 【せいじいろ】
[やわらかい青みの緑] sf-bG

celadon

青磁色は、古代中国で生まれた青磁器の色。中国では宋時代に優れた名品が誕生している。日本には平安時代に伝来、当時は「あおじ」と呼ばれた。鉄分を含む釉薬をかけ焼成して淡い緑青の美しい色を出す。中国皇帝の禁色の「秘色(ひそく)」は最高の青磁の色のほか、淡い瑠璃色の織物の色も指すという説がある。

7.5G 6.5/4　C57 M0 Y40 K10　R109 G168 B149

白緑 【びゃくろく】
[ごくうすい緑] vp-G

whitish malachite green

緑青は古くから塗料や絵具として使われていた顔料であるが、原料となる孔雀石(マラカイト)を砕いた粒子をさらに細かく水簸(土などを水に入れて粒子を選り分けること)により分離した白っぽい岩絵具を白緑といった。ごく薄い緑色。無機顔料は一般に、その粒子が細かくなるほど、反射光が拡散するせいで白く見える。

2.5G 8.5/2.5　　C25 M0 Y27 K0　　R186 G219 B199

61

若竹色 【わかたけいろ】
[つよい緑] st-G

young bamboo color

成長した青竹色に対して、まだ若い竹の色に若竹色の名がつけられた。明るく生命力を感じさせるような色だ。若者向けの振袖などの色に使われる。それに対し、くすんだにぶい緑色の老いた竹には老竹色の名がつけられた。これらの色が登場したのは化学染料が普及する少し前の、明治から大正時代ではないかとされる。

6G 6/7.5　　C63 M0 Y55 K0　　R0 G163 B126

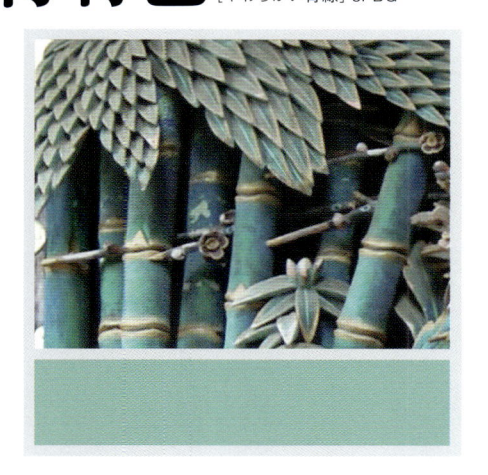

青竹色 【あおたけいろ】
[やわらかい青緑] sf-BG

bamboo blue

成長した竹の色を青竹色という。昔の人にとって竹林は身近で、竹は生活用具の材料や建築材に日常的に使われていた。松竹梅はめでたいものの代表であり、着物の文様にもよく使われた。竹にちなんだ色名のなかでも青竹色は代表的な存在。化学染料の時代になると青竹色の再現が容易になり、色名も頻繁に使われるようになった。

2.5BG 6.5/4　C53 M0 Y35 K10　R106 G168 B157

63

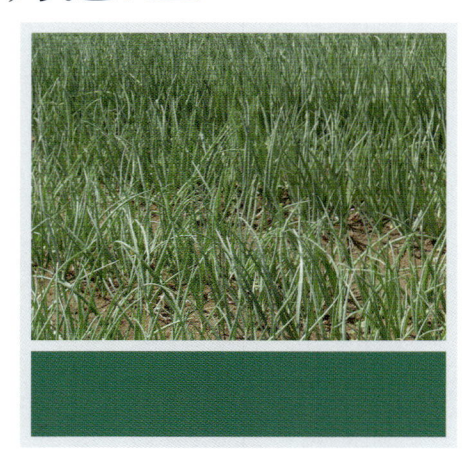

萌葱色 【もえぎいろ】
[暗い緑] dk-G

green like sprout of green onion

萌葱色は近世から使われるようになった色名。萌黄色・萌黄色と同義とする説もあるが、JIS慣用色名では萌え出た長ネギの青みがかった緑とされる。獅子舞の被り布や歌舞伎の定式幕の三色にも使われている。ネギは中国が原産。漢名では「葱」、和名で「き」と呼ばれていた。日本でも古くから食用に栽培しており、なじみが深い。

5.5G 3/5　　C80 M0 Y65 K50　　R0 G83 B62

常磐色 【ときわいろ】
[こい緑] dp-G

ever green

マツ、スギなどの常緑樹の緑を常磐色(常盤色)という。常磐の漢字は、岩が常に変わらないことを意味する「とこいわ」からきている。常に変わらず緑である常緑樹を永久不変の象徴として称えた呼び名。「常磐なる松のさ枝を我は結ばな」(『万葉集』巻二十)とは、松に永遠の願いを込めて歌った歌。千歳緑・松葉色も類似の色と意味をもつ。

3G 4.5/7   C86 M0 Y80 K38   R0 G123 B80

65

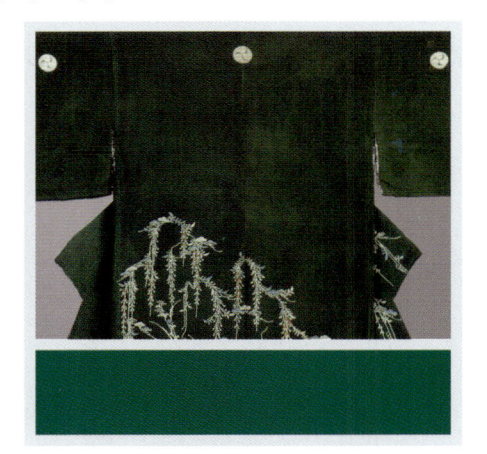

深緑 【ふかみどり】
[こい緑] dp-G

deep green

奈良時代から染色の形容詞の「深」は、濃淡の「濃い」を表し、「こき」とも読んでいた。その名残として今も使われているのが深緑。「しんりょく」とも読む濃い緑色である。常緑樹の緑や、染色の濃い色に対しても使われる。深緑に対して黒緑、中緑、浅緑（うすみどり）の色名も存在する。写真は「濃緑縮緬地松藤網干模様染小袖」（国立歴史民俗博物館・蔵）。

5G 3/7　　C95 M0 Y65 K60　　R0 G86 B56

青緑 【あおみどり】

[あざやかな青緑] vv-BG

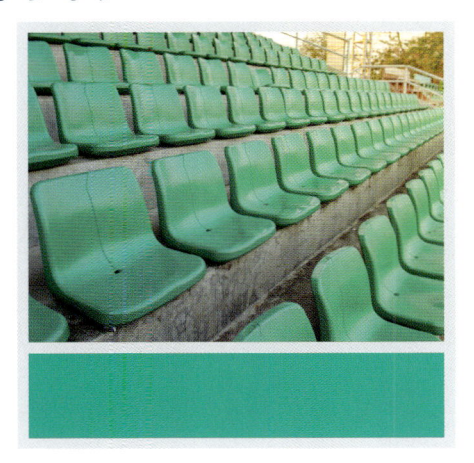

blue green

青と緑の中間色。基本色の一つ。平安時代の延喜式によると、青緑はアイと少しのキハダとで染めた色とあるため、縹(はなだ)(⊃99)に近い色だったとされる。現在、青緑はマンセル表色系の基本色相の一つで、ＢＧの色相記号を使う。青緑に感じるイメージは、水、海、青竹、清涼などである。

7.5BG 5/12　　C93 M0 Y55 K0　　R0 G142 B148

67

アイビーグリーン

[暗い黄緑] dl-YG

ivy green

アイビーはツタのこと。アイビーグリーンはセイヨウヅタの葉のような色をいう。建物の壁面を覆ったり、観葉植物として育てられ西洋ではなじみ深い。「建築家は自分の失敗を蔦で隠す」という言葉があるほどだ。セイヨウヅタはウコギ科の常緑植物。ブドウ科のなかにもアイビーはあり、一般に冬になると落葉する。甲子園球場の外壁のアイビーはブドウ科。

7.5GY 4/5　C60 M0 Y85 K45　R81 G130 B48

オリーブグリーン

[暗い灰みの黄緑] dg-YG

olive green

古くから使われている色名。オリーブの葉の色とされるが、新しいオリーブの実の色からきているとの説もあり、起源ははっきりしない。ヨーロッパでは旧約聖書に登場し、オリーブの枝とそれをくわえる鳩が平和の象徴として競技の優勝者に与える冠とされるなど、尊ばれている。「オリーブ」は実の色を指す色名、「オリーブドラブ」はくすんだ茶色みの色。

2.5GY 3.5/3   C20 M0 Y73 K75   R87 G85 B49

69 ピーコックグリーン [あざやかな青緑] vv-BG

peacock green

ピーコックはキジ科のクジャクのこと。雄が美しい羽を広げて雌に求愛するときに見られる、尾の基部の上尾筒の羽毛上部にある眼状紋の色からきている。世界には3種のクジャクがいるが、最も一般的なのはインドクジャクで、その羽には鮮やかなブルーとグリーンの模様があり、ピーコック・ブルー（peacock blue）の色名も存在する。クジャクはインドの国鳥。

7.5BG 4.5/9　C90 M0 Y50 K0　R0 G164 B150

エメラルド グリーン

[つよい緑] st-G

emerald green

緑柱石(ベリル)と呼ばれる鉱物の一種で、高価な宝石でもあるエメラルド。翠玉・緑玉とも呼ばれ、世界四大宝石の一つに数えられる石。海の色の表現にも使われるエメラルドグリーンは、硫酸銅を含む顔料や絵具の名でもある。乳白色の輝きを持つ蛋白石の色名はオパール(opal)グリーン、翡翠はジェード(jade)グリーン。

4G 6/8   C80 M0 Y72 K0   R0 G164 B116

【色のコラム】

宝石と色

1月　ガーネット
色名：ガーネット
意味：貞操、真実、友愛、忠実

2月　アメシスト
色名：アメシスト
意味：誠実、心の平和

3月　珊瑚
色名：コーラルレッド
意味：幸運、長寿

4月　ダイヤモンド
色名：(対応する色名はない)
意味：清浄無垢

5月　エメラルド
色名：エメラルドグリーン
意味：幸運、幸福

6月　真珠
色名：パールホワイト
意味：健康、長寿、富

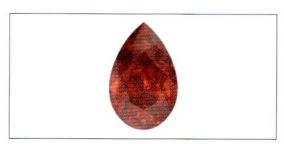

7月　ルビー
色名：ルビーレッド
意味：熱情、仁愛、威厳

8月　ペリドット
色名：オリーブ色のためオリビン
意味：夫婦の幸福、和合

9月　サファイア
色名：サファイアブルー
意味：慈愛、誠実、徳望

10月　オパール
オパールグリーン
意味：希望

11月　トパーズ
色名：トパーズ
意味：友情、希望、潔白

12月　トルコ石
色名：ターコイズブルー
意味：成功を保証する

　世界中にある数千種もの鉱物のなかで、宝石として流通するものは数十種だけだといれる。それほど希少性の高い装飾品である宝石を、人々は愛してやまない。

　誕生石の起源は、旧約聖書のエジプト記に祭司長の胸当てに12の宝石が使われたとする記述から始まるといわれる。長い年月をかけて形成された美しい結晶の神秘。その神秘的な輝きが、身につける人を幸せにすると信じられた。

　多くの宝石はそれ自体が色名となっている。日本で誕生石とされる今回あげた12種類の宝石のうち、無色透明のダイヤモンドを除いてすべての宝石が色名となっているのも、それぞれが他では表現し難い特別な色彩を放っているからであろう。

黄緑色の珊瑚礁

第4章
青の仲間

71

水色 【みずいろ】
[うすい緑みの青] pl-gB

blue of water

水の色。水は無色透明とされているが、普通、川や海、湖や泉など自然界にある水を想像した場合には、美しい淡いブルーを思い浮かべる。そのなかでも水色は平安時代から使われ、青く澄んだ、少し緑みを帯びた薄い青色を指す。透明な水の層に太陽光が入射すると、波長の短い青の光が散乱して、青みを帯びて見える。

6B 8/4　　C32 M0 Y8 K0　　R157 G204 B224

空色 【そらいろ】
[明るい青] lt-B

sky blue

明るく晴れた日の大空の色。明るい青。水色と同様、平安時代から使われている古い色名。空の色は物体の色ではなく、空気層の色を見ていることになり、空気の分子に当たった太陽光の短波長の光がレイリー散乱して生じる青色を知覚している。大きくのびのびとしたイメージからか、最近では子どもの名前としても「空」の人気が高い。

9B 7.5/5.5   C41 M0 Y5 K0   R137 G189 B222

73

甕覗き【かめのぞき】
[やわらかい緑みの青] sf-gB

pale indigo blue dyed in dye bath a few time

「瓶覗き」とも書く。藍染めのときに、藍甕にちょっと浸けただけのような薄い染め色をいう。覗色（のぞきいろ）ともいうが、これは水張りされた甕に写し出された空の色が由来ともされる。江戸時代に生まれた洒落た表現の一つである。甕覗きは、白縹（しろはなだ）、浅縹、次縹、中縹、深縹、紺、勝色の藍染めの段階では浅縹に該当する色であろう（写真は福井市一乗谷朝倉氏遺跡の甕）。

4.5B 7/4　　C44 M0 Y17 K0　　R126 G177 B193

白群 【びゃくぐん】
[やわらかい緑みの青] sf-gB

azurite pale blue

白群は日本画に使う岩絵具の品名である。藍銅鉱を砕いてから水簸によって粒子の大きさで数段階に分けて濃色から淡色に至る群青をつくる。無機顔料の粒子は細かくするほど白くなる。白群は最も淡い群青。群青と白群のあいだに淡群青という色がある。藍銅鉱は孔雀石などに伴って産出する含水炭酸銅鉱物で、銅や顔料の原料である。

3B 7/4.5　　C50 M0 Y20 K0　　R115 G179 B193

75

青 【あお】
[あざやかな青] vv-B

blue

基本色彩語の一つ。空や海の鮮やかな澄んだ色をいう。蒼、碧などの漢字も青を表す。古くは緑系統の色も表しており、現在でも緑の野菜や果物を青菜・青果というように、青が緑を指すこともある。緑色に点灯する信号を青信号というのもその例。青春、青年のように若さの表現にも使う。五行思想で青は、方位で東、季節は春、四神の龍を表す。

10B 4/14　　C100 M9 Y0 K16　　R0 G106 B182

縹色【はなだいろ】
[つよい青] st-B

blue dyed with Japanese indigo

縹色は、藍だけで染め上げた色。あざやかな藍色に染めるには、黄の下染めが必要である。「縹」は「青」が緑色を意味していた奈良時代に、こんにちの「青」の意味で使われた古い名である。藍で染めた色の総称の「縹」は、白縹、浅縹、次縹、中縹、深縹と濃淡で分け、「花田」「花色」とも表記されていた。写真は「縹縮緬地鉢木模様染縫振袖」（国立歴史民俗博物館・蔵）。

3PB 4/7.5   C73 M20 Y0 K36   R43 G97 B143

新橋色 【しんばしいろ】

[明るい緑みの青] lt-gB

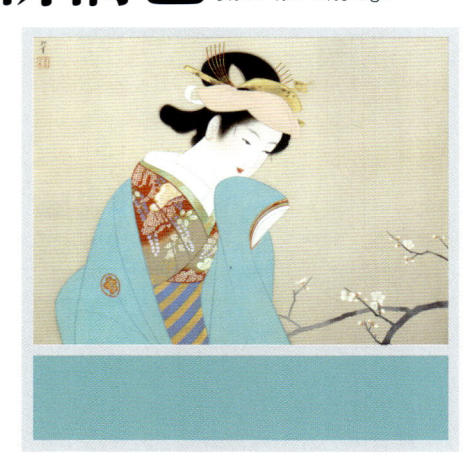

Shinbashi blue

明治末から大正時代にかけて生まれた色名。色名の生誕地は東京、新橋である。青緑の化学染料が輸入されるようになり、明るい緑みの青が新橋の金春芸者衆のあいだで人気があったため、こう呼ばれるようになった。別名を「金春色」ともいう、当時の流行色の一つである。

2.5B 6.5/5.5　　C57 M0 Y20 K10　　R83 G168 B183

浅葱色【あさぎいろ】

[あざやかな緑みの青] vv-gB

greenish blue of onion patch

浅葱色は藍染の色の一つで、ネギの葉のように浅く染めた緑みの青をいう。「浅黄」という薄い黄を表す色名が古くから存在するが、中世に薄い青も表すようになり、青の意味を加えるため「黄」を「葱」に変えて浅葱色になったとされる。江戸時代には、田舎の侍が着物の裏地に浅葱木綿を使っていたため、「浅葱裏」が野暮の代名詞となっていた。写真はアサギマダラ。

2.5B 5/8　　C87 M0 Y30 K16　　R0 G133 B155

79

勿忘草色 【わすれなぐさいろ】
[明るい青] lt-B

forget me not blue

明治時代に伝わった外来語、forget me not blue の日本語訳。ムラサキ科の多年草であるワスレナグサの花の色。ある日、川辺に咲いたこの花を恋人のために摘もうとした青年が、足を滑らせ命を落とした。そのとき、青年が流されながら言った最後の言葉「私を忘れないで」。このドイツの伝説がそのまま花の名になった。

3PB 7/6　　C48 M10 Y0 K0　　R137 G172 B215

露草色 【つゆくさいろ】
[あざやかな青] vv-B

spiderwort blue

ツユクサ科の一年草のツユクサの花の色。その花を生地にこすりつけたり叩いたりして染める「摺り染め」をされた色のことで、「花染」や「うつし色」ともいい、花の色が染着しやすいために花はツキクサ(月草、着草、鴨頭草)と呼ばれていた。水や日光で染め色が消えやすいことから、今も友禅の下絵を描く色に利用される。

3PB 5/11　　C76 M27 Y0 K0　　R0 G123 B195

81

納戸色 【なんどいろ】

[つよい緑みの青] st-gB

grayish blue of a clothes closet of Japan

江戸時代に使われるようになった藍染めの色で、その由来には諸説ある。衣類をしまう納戸の暗がりの色や、納戸を管理する役人の衣装の色、納戸に引かれた幕の色など。御納戸色とも呼ばれる。「鉄納戸」、「藤納戸」、「錆納戸」などの色名が納戸色から生まれている。写真は「納戸木綿地桜雉模様友禅染振袖」(国立歴史民俗博物館・蔵)。

4B 4/6   C82 M0 Y25 K42   R0 G104 B124

瑠璃色【るりいろ】

［こい紫みの青］dp-pB

lapis lazuli blue

青金石（ラピスラズリ）と呼ばれる貴石の色。ラピスはラテン語で石を、ラズリはペルシャ語で空や青を意味する。西洋絵画の貴重な青色絵具であり、「海のかなたの青」の意味でウルトラマリンブルーという。ツタンカーメン王の腕輪にも使われていた。仏教では七宝の一つである瑠璃である。奈良時代に宝玉として渡来している。写真は瑠璃の原石。

6PB 3.5/11　　C90 M66 Y0 K0　　R0 G81 B154

第4章 青の仲間

83

藍色 【あいいろ】
[暗い青] dk-B

Japanese indigo blue

藍ともいう。タデ科の一年生の植物タデアイからとり、アカネに並ぶ最古の染料の一つ。6世紀に中国から伝来した。安土桃山から江戸時代にかけて木綿の普及とともに、木綿や麻などの植物繊維にもよく染まる藍染が盛んになり、江戸庶民の日常着の色となった。藍染は藍の葉で行う。写真は開花した藍(写真提供・四季の山野草)。

2PB 3/5　　C70 M24 Y0 K60　　R43 G75 B101

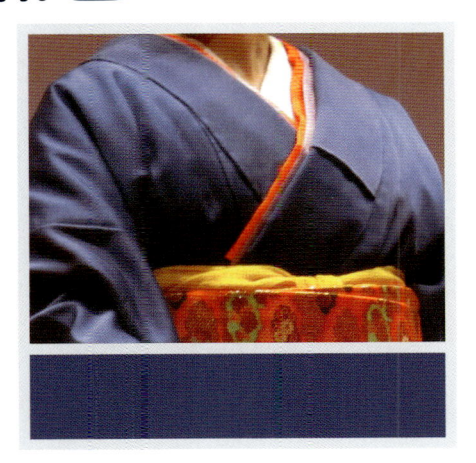

紺色 【こんいろ】
[音い紫みの青] dk-pB

dark indigo blue

藍染めで最も暗く濃い色で染めた色を紺色という。7世紀から見ることができる、わずかに紫みがかった色。江戸時代の藍染の普及に伴って登場した藍染業者は「紺屋」と呼ばれた。紺屋の仕事は天候に左右され、仕上がりが遅れがちだったため「紺屋の明後日」のことわざができた。紺藍、紺青、茄子紺、紫紺、濃紺など、紺の色名展開は多い。

6PB 2.5/4　C80 M60 Y0 K50　R52 G61 B85

85

勝色 【かちいろ】
[ごく暗い紫みの青] vd-pB

victory blue black

紺色よりさらに濃い藍染めを勝色、褐色、搗色といい、「かちんいろ」とも読む。平安時代、皇族や貴族に仕えた武官が着たのが「褐衣（かちごろも）」、その音から「勝色」に変化したとされ、鎌倉時代以降、この色が「勝つ色」として武士の服や武具の主流となった。日露戦争では軍服の色にもなったため軍勝色とも、色が濃いので青黒ともいう。

7PB 2.5/3   C35 M27 Y0 K69   R58 G60 B79

鉄色【てついろ】

[ごく暗い青緑] vd-BG

iron color

「てついろ」もしくは「くろがねいろ」と読む。「くろがね」とは鉄の古称。鉄色には諸説あるが、鉄の焼肌の色、鉄分を含んだ陶器の釉（うわぐすり）の色、顔料の一種で呉須（ごす）の色、藍染の一種で媒染剤に鉄を使用する藍染の色、などからくるといわれている。暗い青緑色。くすんだ青緑の色名に「鉄紺」「鉄納戸」などがある。

2.5BG 2.5/2.5　C70 M0 Y50 K76　R36 G67 B62

87

群青【ぐんじょう】
[こい紫みの青] dp-pB

ultramarin blue

「青が群れる」の意のとおり、こい紫みの青。日本では産出しない青金石（ラピスラズリ）からつくる群青は、希少で高価であった。そのため岩群青という日本画の岩絵具は藍銅鉱（アズライト）を粉末化してつくられた。英語では青金石を lazurite、藍銅鉱が azurite。lazulite という石もあるがこれは天藍石と呼ばれる別物。写真は群青色の顔料。

7.5PB 3.5/11　C81 M62 Y0 K4　R56 G77 B152

お金持ちのお金はなくならないの?

宮本弘之

011

◎お金の本質がわかる

死体入門

藤井司

020

◎九相詩絵巻を掲載

FBI式 人の心を操る技術

ジャニーン・ドライヴァー

004

◎全米が驚いた技術

沈没船が教える世界史

ランドール・ササキ

016

◎海の考古学者が語る

セクシィ古文

田中貴子×田中圭一

001

◎衝撃24場面を解説

働かないアリに意義がある

長谷川英祐

015

◎7割は休んでいた!

メディアファクトリー

MEDIA FACTORY

〒150-0002 東京都渋谷区渋谷3-3-5
☎0570-002-001

@mf_shinsho twitterでも情報お届け中!
http://twitter.com/mf_shinsho

最新情報はこちらから!

田舎の家のたたみ方
コンタロウ×三星雅人
◎初の完全マニュアル

本当のモテ期は40歳から
青木一郎
◎大人のモテる技術!

山手線に新駅ができる本当の理由
市川宏雄
◎日本の未来がここに!

漫画・居酒屋のつまみ劇的に旨くする技術
代々平／牛十樹一郎
◎美味しい科学的裏技

2100年、人口3分の1の日本
鬼頭宏
◎衝撃の未来予想図

セクシィ仏教
愛川純子×田中圭一
◎説話で知る仏教思想

女整体師が教える快感のスイッチ
朱美
◎親指1本で心を開く

福岡ハカセの本棚
朱美
◎知性を創る読書案内

新幹線を運転する
早田森
◎運転士5人の座談会も

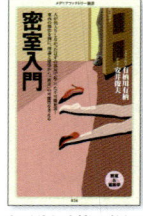

密室入門
有栖川有栖×安井俊夫
◎理論と建築で考える

腹だけ痩せる技術
植森美緒
◎読むだけで凹む

10分あれば書店に行きなさい
齋藤孝
◎究極の知的生産術

漫画・うんちく居酒屋
室井まさね
071
◎酎ハイのハイって？

おなかの不安は解消できる
石蔵文信
077
◎簡単なのに劇的改善

漫画・FBI式しぐさの心理学
ジョー・ナヴァロ／メリヴィン・カーリンズ
080
◎相手を自在に操る方法

3分で劇的に楽になる指だけヨガ
高梨としみ／深堀真由美
083
◎指を押し合うだけ

新幹線をつくる
早田森
069
◎N700Aの製造現場

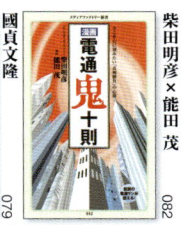

漫画・日本霊異記
ichida
068
◎日本人の原点がここに

カリスマ社長の大失敗
國貞文隆
076
◎一流は「それから」が違う

漫画・電通鬼十則
柴田明彦×能田茂
082
◎「停滞」を打ち破る

[図解]電車通勤の作法
田中一郎
067
◎ラッシュでも疲れない

宇宙のはじまりの星はどこにあるのか
谷口義明
073
◎宇宙の全貌に迫る

リニアが日本を改造する本当の理由
市川宏雄
078
◎東京一大阪間が通勤圏に

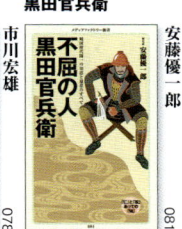

不屈の人 黒田官兵衛
安藤優一郎
081
◎伝説の智将、誠の生涯

メディアファクトリー新書 好評既刊紹介 [2013.11.1]

「意外!」だから、面白い。

ミニ書斎をつくろう
杉浦伝宗
086
◎たった1畳と1万円の予算で

漫画・うんちく鉄道
筆吉純一郎
089
◎鉄道がもっと楽しくなる

ヘッドハンターはあなたのどこを見ているのか
武元康明
085
◎新天地はきっとある

偏差値37なのに就職率9割の大学
堀口英則
088
◎究極の就活テクニック

漫画・うんちく書店
室井まさね
084
◎本屋を巡る知識300連発!

カラー写真でよくわかる色の便利帳
永田泰弘
087
◎知れば生活が豊かになる

イラスト／いずもり・よう

紺青 [こんじょう]

[暗い紫みの青] dk-pE

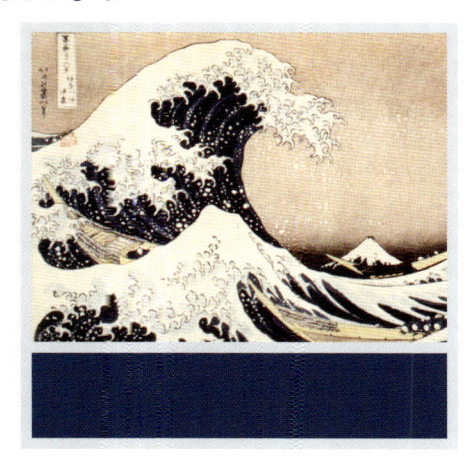

Prussian blue

青色の合成顔料、またはその色。18世紀にプロイセン王国で製法が発見されたため、欧米ではプルシャンブルーと呼ばれる。フェロシアン化カリウムに硫化第一鉄を反応させたものでアイアンブルーともいう。濃くて強い青が浮世絵の絵具になかった時代に、ベルリンから来た「ベロ藍」という名で、日本では葛飾北斎の富嶽三十六景に使用されたことで有名。

5PB 3/4　　C80 M55 Y0 K60　　R58 G72 B97

89

ヒヤシンス ［くすんだ紫みの青］dl-pB

hyacinth

ヒヤシンスは、くすんだ紫みの青で、ユリ科のその花の名に由来する。ギリシア神話に登場する hyakinthos（ヒュアキントス）が死んだとき、流した血に染まった地中から生えて咲いた花がそれであったことから。日本には江戸末期に渡来し、ヒアシントと呼ばれていた。色名は化学染料で色の再現が可能になったことにより誕生した。

5.5PB 5.5/6　C63 M30 Y0 K0　R110 G130 B173

ターコイズブルー

[明るい緑みの青] lt-gB

turquoise blue

ターコイズとはトルコ石のこと。青緑の不透明な鉱物であり、最高品質のトルコ石を産出するイランでは、約6000年前から装飾品として利用されてきた。トルコ石とあるが、トルコではトルコ石は産出しない。かつてペルシャで産出されたトルコ石をヨーロッパへ運ぶ途中にトルコを通過したためこの名がついたと考えられている。イランの国の色である。

5B 6/8　　C80 M0 Y20 K0　　R0 G175 B204

91 マリンブルー

[こい緑みの青] dp-gB

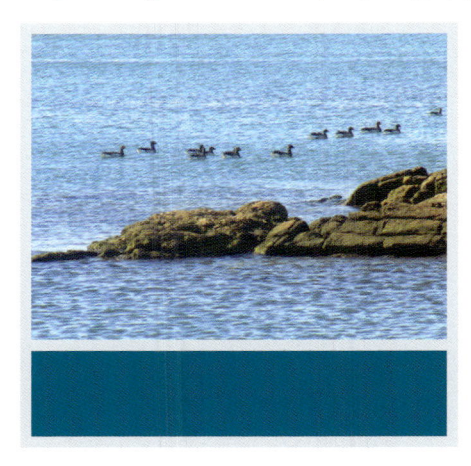

marine blue

海の色のこと。緑みの青。19世紀初頭から使われるようになった。マリンには海軍や海兵隊の意味があるため、船員の制服からきた色とされる説もある。当時、ヨーロッパの海軍の制服は藍染の青が多かったという。ネービーブルーは英国海軍の制服の色が色名になったものである。マリンブルーは青く澄んだ海に対して使われる。

5B 3/7　　C100 M0 Y12 K54　　R0 G82 B107

ミッドナイト ブルー

[ごく暗い紫みの青] vd-pB

midnight blue

ミッドナイトブルーの直訳は「真夜中の青」。19世紀から使われている。月光や、星の光がわずかにまたたいているような真夜中の空の色。黒に近い。一方、ムーンライトブルーは月光で照らされた薄い青を表す。西欧にはスカイブルーの他に、セレステブルー、ゼニスブルー、アザーブルー、ホリゾンタルブルーなど空の色からきた色名が多い。

5PB 1.5/2　C80 M50 Y0 K80　R37 G42 B53

【色のコラム】

芸術家と色

　ポール・セザンヌ(Paul Cezanne／1839-1906／フランス)は、「近代絵画の父」と呼ばれる後期印象派の代表的な画家である。独自の絵画技法を探求し続け、のちにはピカソやマティスなどにも大きな影響を与えた。

　だがセザンヌのパレットに登場した絵具それ自体は当時、誰でも手に入れられるような一般的なものだった。セザンヌについてよくいわれるのが「対比色」の個性的な使い方である。

　絵画の世界では、緑に対しては赤、青に対しては橙、つまり色相環において対照に位置する2色(対比色)をキャンバスのなかに同時に取り入れることにより、その色で描いたモチーフや背景を相互に際立たせる「補色調和」という手法がよく用いられる。

　セザンヌの絵画も補色調和が効果的に使われているが、青に対する橙、黄に対する紫といった単純な対比色はあまり用いなかった。セザンヌの対比色は、混色によってつくり出された、独自で微妙な色彩だったのである。

　彼のパレットにあった絵具はたった19種だったが、パレット上で色彩を無限に生み出すことができたのである。

「リンゴとオレンジ」
パリ　オルセー美術館蔵

ヴァーミリオンなどを使ったリンゴとオレンジの赤が、この作品を最も印象づけている。ヴィリジアンの緑とは補色調和を生み出す組み合わせになっている。

セザンヌのパレットにあった色

ネイプルス イエロー

ビリジャン

ロー シェンナ

パーマネント イエロー

エメラルド グリーン ノーバ

ライト レッド

ジョーン ブリヤン No.1

テール ベルト

バーント シェンナ

バーミリオン

コバルト ブルー

シルバー

ローズマダー

ウルトラマリン ブルー

ピーチ ブラック

カーマイン

プルシャン ブルー

アリザリン クリムソン

イエロー オーカー

※セザンヌと親交のあったフランス人画家、エミール・ベルナールの報告から
※色名は当時の色に近い「ホルベイン油絵具」の色の名前。例えば左下の「アリザリン クリムソン」に近い当時の顔料は「焼茜レーキ」だったが、現在製造していない

セザンヌのアトリエ

第5章 紫の仲間

93

藤色【ふじいろ】
[明るい青紫] lt-V

wisteria violet

マメ科のフジの花のような色。5〜6月頃花を咲かせる。名は風によって花が散る「風散」や「吹散」に由来するという。平安時代の権力者藤原氏に縁がある色名であり、「紅藤」「藍藤」「京藤」など修飾語をつけた色名が存在し、薄紫色の基本色ともいえる。清少納言が好んだ色として『枕草子』にも藤の名が残されている。

10PB 6.5/6.5　C33 M28 Y0 K0　R162 G148 B200

菫色 【すみれいろ】
【あざやかな青紫】vv-V

violet

スミレ科の花の色からきている。スミレは日本に約50以上の種類がある花。スミレの名前の由来は、大工が使う道具の墨入れ(墨壺)に花の形が似ていることからとか、「摘む花」「摘まれる」が「つみれ」に転訛してスミレになったといわれている。色名としては英名のviolet(バイオレット)が日本に伝わってきた明治・大正時代以降に使われるようになった。

2.5P 4/11   C65 M72 Y0 K0   R113 G76 B153

95

桔梗色 【ききょういろ】
[こい青紫] dp-V

Chinese bellflower purple

キキョウ科のキキョウの花の色。キキョウは古くから日本各地に生育する花で、「朝貌」とも呼ばれ秋の七草に数えられる。6～9月に鐘形の花をつけるため平安時代には秋の襲の色目として登場する。根は生薬として、痰を取り咳をしずめ、うみを出す作用がある。江戸時代には桔梗色が青紫の染色の代表となり、下染を藍、上染はベニかスオウで染められた。

9PB 3.5/13　　C78 M68 Y0 K0　　R67 G71 B162

杜若色 【かきつばたいろ】
[あざやかな紫みの青] vv-pB

rabbit ear iris purple

アヤメ科の多年草であるカキツバタの花の色。花の名の由来は、古代、この花の汁を布に「掻きつけ」染めたところからきているとされる。カキツバタとアヤメ、ショウブの花はよく間違われるが、カキツバタは湿地に育ち、花びらの中央に紫色の筋がなく白い斑があるのが特徴。葉の幅も広い。

7PB 4/10　C80 M66 Y0 K0　R67 G90 B160

97

しょうぶ(菖蒲)色 【しょうぶいろ】
[あざやかな青みの紫] vv-bP

Japanese iris purple

紫色のアヤメ科のハナショウブの花の色。湿地に育ち、花びらに黄色い斑があるのが特徴。「菖蒲」と書くと「あやめ」とも読めるため紛らわしいが、「あやめ」は山野に生えるアヤメ科のアヤメの花の赤紫色。端午の節句の菖蒲湯に入れる、同じ字の菖蒲はサトイモ科の多年草で花も淡黄緑の小さなもので、決定的に違う。昔に混同された結果である。

3P 4/11   C70 M82 Y0 K0   R116 G75 B152

あやめ(菖蒲)色【あやめいろ】
[明るい赤みの紫] lt-rP

blue flag purple

アヤメ科のアヤメの花の色。アヤメは乾いた地に育ち、花びらに筋がある。白い花もあるが、色名になったのは赤紫の花だけ。「アヤメ」の名は花にある虎斑模様の文目からきているとされる。古名は、はなあやめ。その名が美しいことから古くから親しまれ、平安時代には襲の色目の名として登場する。江戸時代になると染色の色名になった。

10P 6/10　C20 M60 Y0 K0　R197 G115 B178

第5章　紫の仲間

99

青紫【あおむらさき】
［あざやかな青紫］vv-V

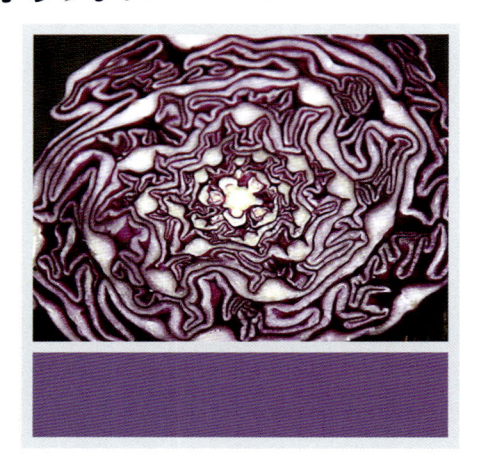

purple blue

青と紫の中間色を青紫という。青紫に感じるイメージは、理性、冷静、権威、高踏、宇宙などである。マンセル表色系の基本色で、青紫の色相記号はＰＢで表記する。ＰＢ系は虹の七色（赤橙黄緑青藍紫）のなかの藍色域を広く含んでいる。

2.5P 4/14　　C73 M76 Y0 K0　　R116 G69 B170

紫【むらさき】
[あざやかな紫] vv-P

purple

基本色彩語の一つ。ムラサキグサの根（紫根）を染料にした染色。聖徳太子制定の冠位十二階の制で最高位の色に定められたのが深紫、2位が薄紫。長いあいだ、上位の身分の者にしか着用を許されない禁色にされていた。紫根は租庸調の税制によって全国から京に集められ、権力を示す色に使われた。現代の日本で、当時のムラサキグサの栽培や染色技術の再現が試みられているが、いまだ途上。写真はムラサキグサ。

7.5P 5/12　C49 M77 Y0 K0　R167 G87 B168

101

江戸紫 【えどむらさき】
[こい青みの紫] dp-bP

Edo purple

江戸時代に生まれた色名で、そのまま「江戸で染められた紫」の意味。伝統的な紫根染めの京紫に対して、安価なスオウやアカネと藍で染めた紫を江戸紫と呼んだとか、京の赤みの本紫に対抗して青みの似紫（にせむらさき）を江戸紫にしたなど、江戸紫の定義には諸説ある。今紫とも呼ばれた。写真は「揚巻の助六 市川団十郎三升」（国立国会図書館・蔵）。

3P 3.5/7　　C60 M72 Y0 K22　　R97 G72 B118

赤紫【あかむらさき】

[あざやかな赤紫] vv-RP

red purple

マンセル表色系の赤と紫の中間の基本色、赤紫（RP）である。草木染めではアカネと紫根を用い、酢とツバキの灰汁で染色した。律令制の時代には深紫に次ぐ高貴な色。ただ、律令制での「赤」は単純に濃淡を示す表現として使われており、それが現在の赤紫の色を指すかどうかは定かではない。「赤紫の表紙、紫檀の軸、世の常の装い也」は『源氏物語』の一節。

5RP 5.5/13　C0 M75 Y0 K0　R218 G80 B143

103

茄子紺【なすこん】
［ごく暗い紫］vd-P

egg plant indigo blue

夏野菜としておなじみのナスの実の色。ナスはインドが原産で、中国を経由して平安時代に日本に伝わったとされる。当時は奈須比(なすび)。江戸時代の染色方法は、藍染の濃い色とスオウを染め重ねたとされる。英語ではegg plant(エッグプラント)、フランス語はaubergine(オベルジーヌ)と、様々な言語で色名になっている。

7.5P 2.5/2.5　　C40 M70 Y0 K74　　R71 G57 B70

紫紺 [しこん]

[暗い紫] dk-P

purplish indigo blue

紺色がかった紫色を紫紺という。もとの漢字は「紫根」であったとされ、「紫紺」は明治以降に用いられるようになった。ムラサキグサの根の色を指すという説もあるが根の色は示紫。「紫紺の優勝旗」というように、紫が持つ歴史的な格式の高さや、藍の重ね染めによる荘重な色みからか、高校野球の優勝旗に用いられる。写真はムラサキグサの根。

8P 2/4   C45 M80 Y0 K70   R66 G44 B65

第5章 紫の仲間

105

鳩羽色【はとばいろ】
［くすんだ青紫］dl-v

dove gray

鳩の羽のようなくすんだ青紫色。鳩羽鼠とも呼ばれる。鳩は全世界に分布し、英語の dove gray（ダヴグレイ）もドバトの色を表している。穏やかな性格から、鳩は古代より愛や平和の象徴とされ、旧約聖書にも描かれた。鳩の漢字は「クルックルー」と鳴くので「鳥」に「九」を組み合わせたともいう。山鳩色は山に住むアオバトの羽の色。こちらのほうが緑がかっている。

2.5P 4/3.5　C20 M30 Y0 K55　R102 G89 B113

ラベンダー

[灰みの青みを帯びた紫] mg-bP

lavender

シソ科ラバンドゥラ属のラベンダーの花からきた色名。強い香りが特徴の花、ラベンダーは、古代ローマ人が水浴の際に香料として入れたことから、ラテン語の洗う lavare（ラヴァーレ）からきた名前とされる。精神安定や防虫、殺菌効果があるとして人気が高いハーブである。モクセイ科のライラックの花も香りがよく、ラベンダーと色が近い。

5P 6/3　　C26 M30 Y0 K5　　R154 G138 B159

オーキッド [やわらかい紫] sf-P

orchid

代表的なランの花色。ラン科の植物の多くは熱帯地方が原産である。オーキッドの種類は世界で1万5000種あるとされており、色も白やピンク、茶、緑、紫など様々。名前の由来となった花の色はいかにもランらしい柔らかな紫をいう。他にもオーキッド・ピンクやオーキッド・ローズなど、オーキッドにちなんだ色名は多い。

7.5P 7/6　　C15 M40 Y0 K0　　R198 G156 B197

モーブ

[つよい青みの紫] st-bP

mauve

アオイ科のゼニアオイの花からとられた色名。人類最初の化学染料で、1856年、イギリスの化学者の卵ウイリアム・パーキンが、当時希少であったマラリアの治療薬のキニーネを合成する実験の途中で偶然発見した色素である。この合成染料はパーキンによってモーブと名づけられた。アニリン染料。この発見で化学染料の時代は幕を開けた。

5P 4.5/9   C33 M70 Y0 K0   R133 G88 B150

【色のコラム】
身分の色

　かつて日本には、位階制度によって着用する服の色や素材、形が定められていた時代があった。とりわけ飛鳥時代から奈良時代にかけては、隋や唐の文化にならった中央集権国家の確立と有用な人材の確保を目指して詳細な位階が定められていく。

　本邦初の位階制度「冠位十二階」は推古天皇11(603)年に、聖徳太子が制定したとされている。それまでの世襲制でなく個人の資質と能力により政権執行者を選ぶようになったこの制度は、新たな時代の幕開けを意味した。儒教の五徳である「徳・仁・礼・信・義・智」を、陰陽五行説に準じて上位から「紫・青・赤・黄・白・黒」の色に割り当て、それぞれの身分の官人の冠の色にした(図1)。この世の森羅万象は木・火・土・金・水の5つの要素から始まり、互いに影響し合っているとする古代中国思想が、陰陽五行説である。

　その後、大化3(647)年に冠位十三階制が定められ、さらに数回にわたり位階制は改変された。天智天皇14(685)年に、より唐の影響を強く受けた「正・直・勤・務・追・進」の倫理に基づいて深紫など6色を使う48階の制(図2)が定められる。

　養老2(718)年にはその直前の大宝令を継承する形で、藤原不比等が養老律令を制定する。その衣服令によると、服色は第1位を天皇の白、次いで皇太子の黄丹。以下、紫、蘇芳、緋……と、身分別に順位が定められた(彼らはいずれも、自分の位以下の色は自由に着ることができた)。養老律令により、何度も改変されてきた奈良時代の衣服令はほぼ定まったとされる(図3)。

　天皇を中心とする中央集権国家を目指した古代日本もまた、色が人々に対する権威的、あるいは社会的な意味を持ったのである。

図1　冠位十二階
（飛鳥時代・603年）

- 紫（徳）
- 青（仁）
- 赤（礼）
- 黄（信）
- 白（義）
- 黒（智）

図2　48階の制
（飛鳥時代・685年）

- 深紫（正）
- 浅紫〈うすむらさき〉（直）
- 深緑（勤）
- 浅緑（務）
- 深葡萄〈こきえび〉（追）
- 浅葡萄（進）

図3　養老律令の衣服令
（奈良時代・718年）

- 白（天皇のみ）
- 黄丹〈おうに〉（皇太子のみ）
- 紫
- 蘇芳
- 緋〈ひ〉
- 紅〈くれない〉
- 黄橡〈きつるばみ〉
- そひ
- 葡萄
- 緑
- 紺
- 縹〈はなだ〉
- 桑
- 黄
- 摺衣〈すりごろも〉
- 秦摺〈はたすり〉
- 柴
- 橡墨〈つるばみずみ〉

「高松塚古墳壁画
西壁女子群像」

第3章 茶の仲間

109

土色【つちいろ】
［くすんだ赤みの黄］dl-rY

earth color

自然界にある、一般的な土の湿った状態のような色。土には様々な色が存在するが、ここではくすんだ赤みのある黄色を指す。病気などで血色の悪い人の顔色に対して使われることもあり、その場合には、土気色(つちけ)と表現されることが多い。自然の土と接する機会が少なくなった日本であるが、われわれの原風景に通じる土色を大切にしたい。

7.5YR 5/7　C0 M47 Y70 K35　R159 G108 B49

黄土色 【おうどいろ】
［こい赤みの黄］dp-rY

yellow ocher

天然の黄色い土の色を黄土色という。成分は水酸化鉄を含む土で、それを精製して顔料にする。日本画の代表的な顔料として、歴史は古い。岩絵具の黄土は黄土原鉱からなり、人類最古の絵具の一つとして使われた。フランスのラスコーやスペインのアルタミラの洞窟壁画が有名だ。黄土は焼いて脱水すると赤土の色に変わる。写真は日光東照宮の壁面。

10YR 6/7.5　　C0 M35 Y70 K30　　R184 G136 B59

111

茶色 【ちゃいろ】
[暗い灰みの黄赤] dg-0

brown dyed tea

基本色彩語の一つ。茶は、中国原産のツバキ科の植物で、日本へは8世紀頃に伝わった。茶色はこの茶の葉や茎で染めた茶染の色のみを指していた。江戸時代に茶系の染色が流行すると、原料に関係なく茶系に染まった色全般に使われるようになる。写真は「茶縮緬地遊狗草花模様染縫小袖」(国立歴史民俗博物館・蔵)。

5YR 3.5/4　　C0 M55 Y70 K59　　R109 G76 B51

代赭【たいしゃ】
[くすんだ黄赤] dl-O

Chinese red clay brown

自然界に存在する赤い土の色を赭といい、その赤土からつくられた顔料も赭という。中国山西省代州原産の赭が古来より有名で、かつてはその色にのみ代赭の名が使われていたが、次第に産地に関係なくその顔料の色の総称になった。日本画の代表的な赤・赤褐色の顔料。酸化鉄が主な色素成分で代赭色ともいう。

2.5YR 5/8.5   C0 M70 Y84 K30   R178 G98 B53

113

弁柄色 【べんがらいろ】
[暗い黄みの赤] dk-yR

Bengal red ocher

インドのベンガル地方の赤い土からできる顔料を弁柄といい、弁柄色はそれにちなむ色名。鉄を含む土を焼いて酸化鉄顔料とした。紅柄、紅殻とも書く。絵画のほか、工芸品の着彩、寺院建築の塗料や、柿色の顔料染色にも使われた。江戸時代に、岡山県吹屋（写真）が弁柄の大産地になり全国に出荷されていたが、明治以降の工業化によって衰退していった。

8R 3.5/7　　C0 M80 Y80 K52　　R134 G62 B51

煉瓦色 【れんがいろ】

[暗い黄赤] dk-O

brick red

赤煉瓦のような色を煉瓦色という。粘土に砂、石灰などを加えて練り固め、型に入れて焼いたもの。日本では煉瓦は明治以降の西洋建築の材料に使われ、色名もここから知られるようになった。ヨーロッパで煉瓦の歴史は古く、この色名は英語のブリックレッドの訳語である。

10R 4/7　　C0 M73 Y70 K36　　R145 G76 B53

115

錆色 【さびいろ】
[暗い灰みの黄赤] dg-0

rusty brown

鉄の錆の色がもととされており、鉄錆色ともいう。金属が酸化してできる錆には、赤みの茶のほかに黒色、白色、緑色まであるが、この色名は鉄の赤錆の色を表している。江戸時代には「錆」が「寂」の美意識に通じるものとして、文学的な意味合いを持つようになった。「錆朱」「錆浅葱」などと形容する場合には、暗くすんだ色の意味になる。

10R 3/3.5　　C0 M60 Y55 K70　　R98 G64 B53

焦茶 【こげちゃ】

[暗い灰みの黄赤] dg-O

dark brown

茶色の濃い色を焦茶という。色名において濃いことを表現する修飾語には、「濃、深、暗、黒」などがあるが、茶だけには「焦」という文字がつく。物体が焼け焦げていくさまからの連想だろう。赤系統の茶に「焦色（こがれいろ）」という色があるが、これは恋焦がれるの意からきているので別の色。

5YR 3/2　　C0 M38 Y38 K73　　R86 G69 B57

117

褐色 【かっしょく】
[暗い黄赤] dk-O

suntanned brown

褐色の「褐」は蔦葛で編んだ粗末な衣服を意味する。転じて、身分の低い人を褐夫と呼ぶようになり、その衣装の黒ずんだ色を褐色というようになった。日本に茶の木が伝来する前のブラウン系の色の呼称の一つ。かつては「かちいろ」や「かちんいろ」とも読まれていた。褐色は焼けた肌の色に対しても使われる。

6YR 3/7　　C0 M70 Y100 K58　　R107 G62 B8

小麦色【こむぎいろ】

[やわらかい赤みの黄] sf-rY

wheat brown

イネ科の植物コムギの種子のような色のこと。近代になってから使われるようになった、英語のホイート（wheat）の訳語である。コムギは人類が最初に栽培した作物の一つといわれる。日本では2番目に身近な穀物として親しまれたため、色名として定着したものであろう。小麦色は健康的に日焼けした肌を表現するいい方として多用する。

8YR 7/6   C0 M39 Y60 K11   R212 G161 B104

119

檜皮色 【ひわだいろ】
[暗い灰みの黄赤] dg-O

Japanese cypress bark brown

ヒノキ、スギ、サワラなどの樹皮の色で、屋根葺き材料として親しまれていた。またはヒノキの樹皮で染めた染色の色だったともいわれ、平安時代から使われている色名。「ひはだいろ」とも読む。暗い灰みの黄赤。「檜皮色の着物を着た、背の低い、痩せた、白髪頭の、猿のような老婆」は、芥川龍之介の代表作『羅生門』の一文。

1YR 4.3/4　C0 M60 Y58 K53　R134 G92 B75

樺色【かばいろ】

[つよい黄赤] st-O

birch bark brown

サクラ属のカバザクラの樹皮の色、もしくはカバノキ属のダケカンバの樹皮の色ともいわれる。ガマ科の植物であるカバの穂のような色という意で蒲色ともいう。どちらも赤みを帯びた茶の同系色で、区別して使われることはなかったようだ。平安時代の襲の色目に樺桜という配色があるため、古くから使われていたことがわかる。写真はガマの穂。

10R 4.5/11　C0 M72 Y72 K22　R182 G72 B38

肉桂色【にっけいいろ】

[くすんだ黄赤] dl-O

cinnamon

シナモンやニッキで知られている、クスノキ科のシナモンの樹皮を乾燥させた香辛料や生薬の色。独特の辛味と甘味のある強い香りが特徴。シナモンは旧約聖書や古代ローマの記録にもあり、奈良時代には中国から伝えられた。奈良の正倉院にも保存されている。亨保年間(江戸時代前期)に日本でも栽培が始まったとされる。写真は桂皮という干したシナモンの樹皮。

10R 5.5/6　C0 M60 Y60 K17　R181 G114 B92

栗色【くりいろ】
[暗い灰みの黄赤] dg-O

maroon

クリの実の茶色。江戸時代には落栗色や栗皮色ともいわれていた。ちなみに、クリの樹皮やいがのタンニンで染めた色については一般的に栗色とは呼ばない。クリは、西洋でも色名に採用されており、英語の maroon（マルーン）、フランス語のマロン（marron）など、日本でも耳にすることが多い。人の頭髪の色を示す表現としても使われる。

2YR 3.5/4　C0 M70 Y80 K65　R112 G75 B56

123

朽葉茶【くちばいろ】
［灰みの赤みを帯びた黄］mg-rY

decayed leaves brown

落葉が朽ちたときの枯れ葉の色。平安時代から使われている色名で、当時は茶色という色名がなかったため、この朽葉色が茶系統の総称であった。黄葉、紅葉から始まる葉が朽ちていく過程のうつろいゆく色の美しさから、黄朽葉、赤朽葉、青朽葉、淡朽葉、濃き朽葉など様々なバリエーションの色名が存在した。

10YR 5/2　　C0 M29 Y53 K59　　R132 G116 B97

煤竹色 【すすたけいろ】

[赤みを帯びた黄みの暗い灰色] r.y-dkGy

sooty bamboo brown

茅葺き、藁葺きの屋根組の青竹が、囲炉裏などの煙で煤けて黒っぽくなった竹のような色。昔は天井などの汚れを払うのに竹を用いたため、色名はこの煤払い用の竹からきているという説もある。江戸時代にはこの煤竹色が粋な色として小袖や羽織、単物などで大流行し、煤竹茶ともいわれるようになった。

9.5YR 3.5/1.5　C0 M30 Y30 K75　R93 G82 B69

125

小豆色 【あずきいろ】
[くすんだ黄みの赤] dl-yR

azuki bean reddish brown

マメ科の植物の実であるアズキの色。もしくは、アズキを煮た際の煮汁の色ともされる。くすんだ黄みの赤。アズキの日本での栽培は古く、奈良時代以前から始まっていたが、色名として使われ始めたのは江戸時代に入ってから。江戸時代に赤は魔除け、厄除けの色とされ、やがてアズキが祝いのときに赤飯やぜんざいにして食べられるようになった。

8R 4.5/4.5　　C0 M57 Y45 K45　　R144 G93 B84

海老茶【えびちゃ】

[暗い黄みの赤] dk-yR

lobster maroon

本来「えび色」は、ブドウ科のエビカズラの実の色からきた「葡萄色」であったが、「エビ」の呼び名が「海老」と混同され、伊勢エビの殻のような暗い紫みの赤を「海老色」と呼ぶようになり、その茶色がかった色を「海老茶」というようになった。明治時代の女学生の袴の多くがこの色だったため、彼女たちは俗に「海老茶式部」と呼ばれた。

8R 3/4.5　　C0 M63 Y50 K63　　R105 G60 B52

127

駱駝色 【らくだいろ】
［くすんだ黄赤］dl-O

camel beige

ラクダは、古くに家畜化された偶蹄目ラクダ科の哺乳類。ヒトコブラクダ、フタコブラクダの毛色と毛織物の色が駱駝色である。ラクダのコブの中には脂肪が蓄えられており、砂漠のような乾燥地帯への適応能力が高い。駱駝色は主に衣類の色に対して使われ、保温性のよい高級下着を象徴する色としてもてはやされた時代があった。

4YR 5.5/6　　C0 M50 Y60 K30　　R176 G118 B79

鳶色【とびいろ】
[暗い黄みの赤] dk-yR

kite brown

鳶色はワシタカ科で猛禽類の鳥であるトビの羽色に由来する。鳶色は江戸前期から慣用的に使われてきた色名で、鳶茶ともいい、黒鳶、藍鳶といった色名も存在する。トビは現在でも日本全国に生息しているが、江戸時代の日本人にとっても親しみ深い鳥であった。英名にはない日本特有の色名で、瞳の色を指す表現としても使われる。

7.5R 3.5/5   C0 M65 Y50 K57   R122 G69 B61

琥珀色 【こはくいろ】

[くすんだ赤みの黄] dl-rY

amber

琥珀は地質時代に樹脂などが埋没してできあがった化石のことで、その代表的な色を琥珀色という。古名は「くはく」「赤玉」と呼ばれた。装飾品としても愛用され、仏教の七宝にもなっている。琥珀自体は透明または半透明。まれに昆虫等を閉じ込めたまま化石化したものが出土して珍重される。樹脂が組成分のため電気絶縁材料にも使われた。

8YR 5.5/6.5　C0 M47 Y72 K30　R170 G122 B64

ブロンズ

[暗い赤みの黄] dk-rY

bronze

青銅の色。青銅の錆色から緑青の色を思い浮かべがちだが、実際に色名が示す色は茶褐色。青銅は銅と錫の合金で、錫の割合によって色が変わり、錫の量が多いと黄銅色に、少ないと赤銅色になる。青銅器時代があったことからもわかるように、青銅は最も古くから使われてきた合金である。現在でも美術品や十円玉などに使用されている。

8.5YR 4/5　　C0 M45 Y80 K49　　R122 G89 B47

131

タン [くすんだ黄赤] dl-O

tan

牡牛の革を、タンニンを多く含むカシの木の樹皮などでなめした色をタンという。なめすとは、革に耐久性や耐熱性を与えるために、革の持つ余分な脂やタンパク質を取り除き柔らかくする作業。古代エジプトではすでに用いられていたとされる、古い歴史がある。なめした革をさらに揉んで揉み革にしたものの淡い茶色をバフという。

6YR 5/6   C0 M48 Y70 K33   R158 G108 B63

バフ

[やわらかい赤みの黄] sf-rY

buff

バフの名前は buffalo（バッファロー）からきている。バッファローは野牛、水牛、バイソンなどの意味。もとは19世紀のアメリカ兵の制服が柔らかな黄みの革で、これが通称でバフと呼ばれた。そこから、牛や鹿のなめした揉み革をバフといい、その褐色の色についても使われるようになった。牛革にだけ使う表現ではない。

8YR 6.5/5　C0 M28 Y50 K25　R192 G149 B103

133

ベージュ [明るい灰みの赤みを帯びた黄] lg-rY

beige

フランス語で、未加工、未染色の自然のままの羊毛の色をベージュという。日本人にもなじみが深い色名である。現在では薄い茶系の色全般に使われる。エクルベージュ（＝生成り色・P172）は、未加工、未染色の麻、絹、綿などの素材と、その色を指す。日本でこの色名が普及してきたのは、1960年代以降である。

10YR 7/2.5　　C0 M10 Y30 K15　　R188 G167 B141

カーキー

[くすんだ赤みの黄] dl-rY

khaki

カーキーはペルシャ語、ヒンドゥー語の「土埃」の意。19世紀、植民地であったインドに駐留していたイギリス軍が、迷彩色として白い服を土の色に染めたことが始まりとされる。それを現地の言葉でカーキーと呼んだ。その後、軍服として各国で採用され、日本でも昭和9年に採用されて一般化していった。英語では「カーキー」は軍隊の代名詞である。

1Y 5/5.5　　C0 M25 Y60 K39　　R146 G114 B58

【色のコラム】

江戸の色・四十八茶百鼠

　江戸時代、防衛上の戦略で武士を知行地から離して江戸に住まわせる政策を採った幕府は、すぐに構造上の財政難に苦しめられる。結果、贅沢を禁じる奢侈(しゃし)禁止令がたびたび施行され、庶民に派手な色の着用を禁じることになった。室町時代の末期から行われてきた茶染めが、江戸時代に入ると爆発的にヒットしたのはこのためだ。それまでの茶の茎や葉で染めた染色だけでなく茶系に染まった色全般を「茶色」と呼び、様々な種類の茶系のバリエーションの色と色名が江戸時代に登場した。安価に染められる暗い色で「貧しい人が身につけるもの」と考えられていた茶色が、江戸っ子の粋の感覚に同調して流行したのである。

　茶色のなかには歌舞伎役者に由来する色がいくつかある。「団十郎茶」は市川団十郎が衣装に用いた柿渋色で、歴代の市川団十郎はこの色で襲名披露を行う。3代目中村歌右衛門の「芝翫(しかん)茶」、初代尾上菊五郎の「梅幸(ばいこう)茶」、そして2代目瀬川菊之丞の「路考(ろこう)茶」は中村座の八百屋お七の衣装からくる緑みの茶である。役者の俳名をつけたこれらは役者色と呼ばれ、庶民に人気を博した。

　江戸時代の中期になると今度は鼠色が大流行し、色名が多く生まれた。その土地の名前をつけた「深川鼠」「鴨川鼠」、大阪の「浪花鼠」、北原白秋の歌にも使われた「利休鼠」。そして二大流行色の組み合わせである「茶鼠」、鳩の羽からくる「鳩羽鼠」、灰みの紅梅色の「梅鼠」、青みの「藍鼠」などである。

　茶や鼠と名づければ奢侈禁止令からまぬがれるという江戸町民の知恵が、染色技術の進歩に後押しされて色彩文化に結実した。これらは俗に「四十八茶百鼠(しじゅうはっちゃひゃくねず)」と総称される。

四十八茶百鼠

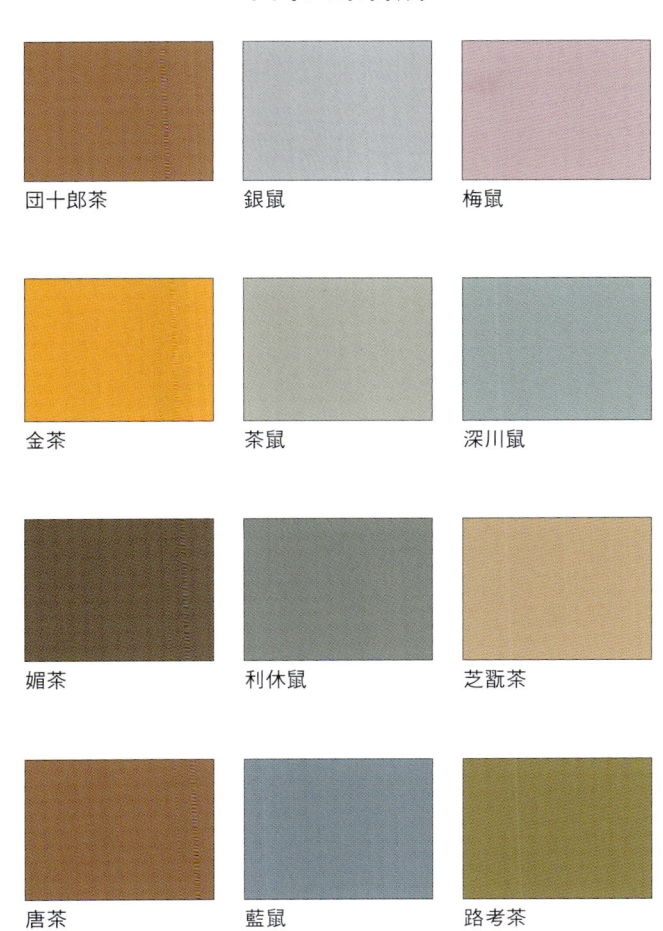

団十郎茶

銀鼠

梅鼠

金茶

茶鼠

深川鼠

媚茶

利休鼠

芝翫茶

唐茶

藍鼠

路考茶

167

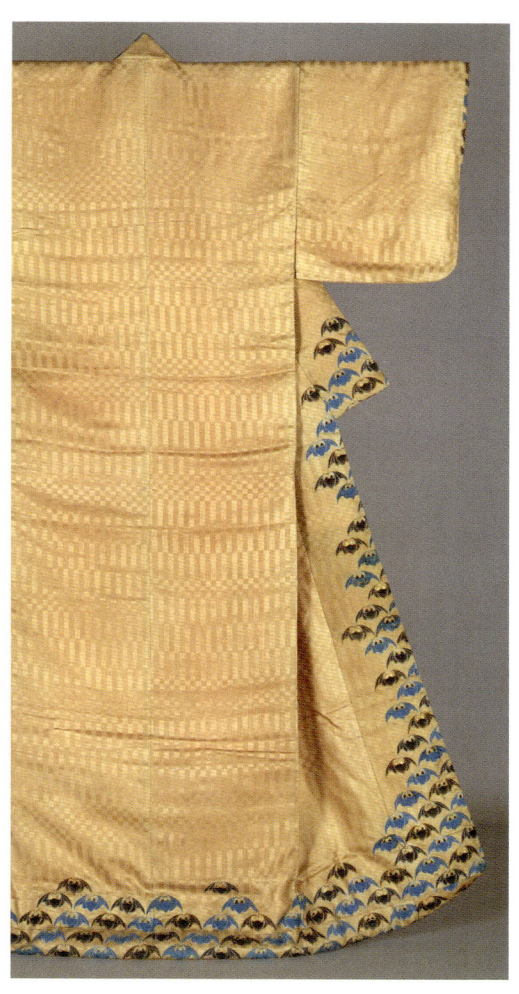

「金茶八橋織綾地蝙蝠模様友禅染小袖」(国立歴史民俗博物館・蔵)

第7章 無彩色の仲間

第7章　無彩色の仲間

135

白 【しろ】
[白] Wt

white

基本色彩語の一つ。入射光を均等に100%近く反射する物体を見て感じられる色。最も明るい色。ただし、完全な白は現実には存在しない。白の色名は夜が明け、次第にあたりが白む様子、白々とした状態が物の形にはっきりと顕れるところからきたとされる。純粋、清潔などのイメージのほか、喪の色とする国もある。純白、真白、雪白などの色名もある。

N 9.5　　C0 M0 Y1 K0　　R27 G0 B19

胡粉色 【ごふんいろ】
[黄みの白] y-Wt

white pigment made by oyster shell

胡粉はイタボガキの殻を粉末化して造った炭酸カルシウムを主成分とする白色顔料である。塩基性炭酸鉛の鉛白が7〜8世紀頃に古代中国の西域の「胡」から日本に伝来し、胡粉と呼び、白粉(おしろい)にも使われていた。毒性が強かったために鉛白は貝殻から作った粉に代わったが、名前は残ったのである。日本画の絵具の白として長く使われてきた。

2.5Y 9.2/0.5　C0 M0 Y4 K0　R235 G231 B225

第7章　無彩色の仲間

137

生成り色【きなりいろ】
[赤みを帯びた黄みの白] r・y-Wt

ecru beige

漂白や染色などの手を加えていない、自然のままの状態の繊維の色。「生成り」という表現は江戸時代からあったが、色名になったのはごく最近である。その背景には日本での自然回帰の志向が見え隠れしている。絹は生糸、羊毛はベージュ、木綿や麻などの植物性天然繊維に対しては生成りと分けて表現しているようだ。

10YR 9/1　C0 M2 Y7 K3　R234 G224 B213

象牙色 【ぞうげいろ】

[黄みのうすい灰色] y-plGy

ivory white

英語のアイボリーの訳語として近世使われるようになった。ゾウの牙（門歯）の色である。適当な硬さと光沢と重量感のある象牙は、ローマ時代から装飾品に用いられていた。日本に初めて象牙の工芸品がもたらされたのは7世紀ともいわれている。現在はワシントン条約により1989年から象牙の輸出入が禁止されている。

2.5Y 8.5/1.5　C0 M4 Y12 K6　R222 G210 B191

139

砂色 【すないろ】
[明るい灰みの黄] lg-Y

sand

砂のような灰みの黄色を砂色と呼ぶ。日本語の砂色は新しく、英語の sand（サンド）の訳語とされる。sand 自体は17世紀に色名になった。実際には、珊瑚礁に由来する水成岩系の砂と、火山に由来する火成岩系の砂など、地球上のどこの砂かによって色が変わる。フランス語ではサハラ砂漠の砂から sahara（サハラ）という色名がある。

2.5Y 7.5/2　　C0 M5 Y25 K23　　R197 G182 B158

灰色【はいいろ】
[灰色] mdGy

ash gray

灰は基本色彩語の一つ。薪や炭が燃えた後に残る灰のような色。これは明治以降の色名で、それ以前は「鼠色」が多用されていた。灰色がなじまなかった理由には、昔の人が火事を嫌い、縁起が悪いとしていたからかもしれない。灰汁色は灰を水で溶いた上澄みの色。灰色の表現は、白黒どちらともつかないあいまいな立場の表現にも使われる。

N 5　　　C0 M0 Y2 K65　　R27 G0 B19

第7章　無彩色の仲間

141

鼠色 【ねずみいろ】
[灰色] mdGy

mouse gray

かつて住みついていたのであろう、イエネズミの体毛からきている色。茶と同様に、その暗い色や渋い色が粋だとされ、百鼠といわれて江戸の中期から大流行した色群。日本の鼠色が黒と白の中間色であるのに対し、英色名の mouse gray（マウスグレイ）は茶を帯びた灰色である。

N 5.5　　　C3 M0 Y0 K58　　R27 G0 B19

藍鼠 【あいねず】

[暗い灰みの青] dg-B

indigo mouse gray

「あいねずみ」とも読む。藍色がかった鼠色。藍気鼠、藍味鼠。多くの鼠色は、江戸時代に茶色の少し後に流行した色。藍鼠は青系の代表的な鼠色。藍生鼠という色名があり、一つの根から二本の幹が並んで伸びる相生をもじった、夫婦の相老を願う縁起のいい色であったとされる。写真は「藍鼠絽縮緬地流水撫子模様染単衣」（国立歴史民俗博物館・蔵）。

7.5B 4.5/2.5   C30 M0 Y5 K55   R87 G109 B121

143

利休鼠【りきゅうねずみ】
［緑みの灰］g-mdGy

Rikyu gray

名称に付された「利休」が安土桃山時代の茶人、千利休を指すのは明らかだが、千利休の趣向とは無関係に名前を借りただけにすぎない。「利休茶」「利休白茶」などの色名もあるが、いずれも千利休ゆかりの色であったとは特定し難い。人名に由来した風流な色として、人の心をつかんだのであろう。写真は「利休ねずみの雨が降る」とその色で記した北原白秋の詩碑。

2.5G 5/1　　C15 M0 Y20 K60　　R110 G121 B114

鉛色【なまりいろ】

[青みの灰色] b-mdGy

lead gray

金属の鉛からとっているが、金属色そのものではなく、表面が酸化して変色した、やや青みのある灰色。鉛は古くから、精練して装飾に使う身近な金属であった。白粉や絵具に使った白色顔料の鉛白、赤色顔料の鉛丹などの原料でもある。重苦しい印象を持つ鉛色は、暗く曇った空の形容に使われている。

2.5PB 5/1   C3 M0 Y0 K65   R114 G119 B125

145

スカイグレイ [青みの明るい灰色] b-ltGy

sky gray

曇った日の空の色。青みの明るい灰色。グレイは黒と白の中間色で、日本の灰色に相当する。スカイグレイはフランス語で gris ciel（グリ・シエル）と訳すが、日本で知られるスカイグレイよりも黄みの明るいグレイである。空の色は地域、季節、天候、時刻などにより千変万化するため、民族の自然に対する感受性の違いが出る。

7.5B 7.5/0.5   C3 M0 Y0 K27   R179 G184 B187

チャコールグレイ

[紫みの暗い灰色] p-dkGy

charcoal gray

チャコールは木炭の意味。わずかに紫みのある暗い灰色がチャコールグレイ。チャコールブラックともいう。木炭は木材を蒸し焼きにしてつくった燃料で、木材が採れる地方では共通して用いられる。木炭画は軟らかい木炭で描いたデッサン画のこと。この色名は戦後、アメリカから伝わり、日本で背広の色としてたちまち広がりを見せた。

5P 3/1   C5 M15 Y0 K83   R75 G71 B77

147

墨 【すみ】
[黒] Bk

Chinese black ink

紙に墨で書いたり、墨色に染色をした色。「ぼくしょく」ともいう。墨は菜種油や松根を燃やしてできた煤をニカワで練り固めてつくる。墨色の赤み青みの差は煤の粒径の大小による。「墨に五彩あり」という言葉があるように、わずかな色みの違いが珍重された。他に朱を固めた朱墨、群青を固めた藍墨などがある。墨染は僧侶の常服の色でもある。

N 2　　　　C0 M0 Y0 K95　　R27 G0 B19

黒【くろ】
[黒] Bk

black

基本色彩語の一つ。木炭や墨のような色。暗さや闇を源とする色名で、最も暗い色だが、現実にはすべての光を吸収するような黒い物質は存在しない。黒は高級なイメージと不吉なイメージを併せ持つ色である。黒には漆黒、真黒、烏の濡れ羽色など様々な色名がある。鉄黒(かねぐろ)は四三酸化鉄を主成分とする無機顔料の品名。

N 1.5　　C30 M30 Y0 K100　　R27 G0 B19

149

金色【きんいろ】

gold

金色と銀色は金属光沢をもつ特殊な色である。金は、元素記号 Au で、錆びることがなく、古くから多くの民族のなかで最も貴重な金属とされ、通貨として用いられた。黄金色とも呼ばれる。万葉の時代にはこれを「くがね」と呼んだ。仏教で金は七宝の一つで、純粋な金は至高の精神世界の象徴とされていた。金は CMYK では発色できないため真鍮粉を印刷インキ化して印刷する。

(表色系では表現しない)

銀色【ぎんいろ】

silver

銀色は白銀(しろがね)とも呼ばれる。これも金色に次ぐ貴重な金属で、薄い灰色の金属色。中世のヨーロッパでは、金よりも高価な時代もあった。また、仏教では七宝の一つに数えられる。日本でもかつて金・銀ともに採掘でき、銀鉱には世界遺産の島根県の石見銀山などがある。銀は元素記号 Ag で、黒く錆びる。銀は CMYK では発色できないためアルミ粉をインキ化した特色インキで印刷される。

(表色系では表現しない)

おわりに

　色とはなんだろう？

　ミツバチや蝶が紫外線を識別して蜜や花粉を集めるように、多くの色を見分ける人間の力は、人類が長い進化と淘汰の過程で身につけた、生存のための能力である。緑の密林や草原のなかで赤く熟した果実を探したり、空や水中に食物を求めたために、赤、緑そして青の三色型の視覚を獲得してきたのだろうかと空想するのも楽しい。

　色は五感のなかでも、視覚を通じて取り込む情報である。色は眼という感覚器官から入ってくる信号ではあるが、最後は脳で認識されるため、人は眼ではなく脳でものを観ていることになる。

　その結果、色は単に事物を区別するだけでなく、感情や情緒にもかかわるようになった。ニュートンは近代科学の幕を切って落とした天才であるが、同時に音楽の7つの音階(ドレミファソラシ)と虹の7色(赤橙黄緑青藍紫)との「共感覚」を証明しようとしたことで知られている。ある音と色はイメージを共有するという考え方だ。

　色は男らしさや女らしさ、上品さや品のなさ、温かさや寒さ、派手・地味感、軽重感などまで表わす。たとえばテレビの気象情報

で気温の分布を表現するとき、赤は高温、青は低温と皆が認識していることを思い出してほしい。
　絵画や彫像、衣装、建築の美などを通じて、人々は古代からそれぞれの地域で色彩文化を生み育てた。その文化に伴って、染料や顔料等の色材が発達し、描画や装飾、染色の技術が進歩するとともに、必要とされる色名も生まれていく。
　しかし国々には栄枯盛衰があり、色材の技術は進歩し、流通は世界を狭くした。かつて権力者が独占した色も拡散して一般庶民の色になるといった歴史の流れのなかで、使われる色にも変遷があった。多くの色が生まれる一方で、消えていった色も多数あったであろう。たとえば日本の和服文化のなかで反物(たんもの)に与えられていた数多くの色名は、和装文化の衰退とともに過去のものになり、忘れ去られていった。
　豊かな四季の変化と、島国・山国らしい多彩な風景に恵まれた日本固有の色彩文化を色名によって再認識していただき、本書の、写真と色名と色票を三位一体に組み合わせて直感的に記憶のなかに入り込む紙面から、暮らしのなかで色を楽しむために便利な項目が一つでも見つかれば嬉しいと思う。

2013年10月
永田泰弘

色名索引

【あ行】

- 藍色 ……………………… 106
- 藍鼠(あいねず) ………… 177
- アイビーグリーン ………… 86
- 青 …………………………… 98
- 青竹色 …………………… 81
- 青緑 ……………………… 85
- 青紫 ……………………… 126
- 赤 ………………………… 24
- 茜(あかね)色 …………… 22
- 赤紫 ……………………… 129
- 浅葱(あさぎ)色 ………… 101
- 小豆色 …………………… 156
- あやめ(菖蒲)色 ………… 125
- 杏色 ……………………… 46
- 鶯色 ……………………… 67
- 鬱金(うこん)色 ………… 54
- 江戸紫 …………………… 128
- 海老茶 …………………… 157
- エメラルドグリーン ……… 89
- 臙脂(えんじ) …………… 30
- 鉛丹(えんたん)色 ……… 26
- 黄土色 …………………… 141
- 黄丹(おうに) …………… 27
- オーキッド ……………… 134
- オールドローズ ………… 35
- オリーブグリーン ………… 87

【か行】

- カーキー ………………… 165
- 柿色 ……………………… 45
- 杜若(かきつばた)色 …… 123
- 勝(かち)色 ……………… 108
- 褐色 ……………………… 148
- カナリア ………………… 60
- 樺(かば)色 ……………… 151
- 甕覗き(かめのぞき) …… 96
- 韓紅(からくれない)色 … 21
- 芥子色 …………………… 57
- 刈安(かりやす)色 ……… 58
- 黄色 ……………………… 55
- 桔梗(ききょう)色 ……… 122
- 生成り色 ………………… 172
- 黄蘗(きはだ)色 ………… 59
- 黄緑 ……………………… 70
- 金色 ……………………… 184
- 銀色 ……………………… 185
- 金赤(きんあか) ………… 39
- 草色 ……………………… 72
- 朽葉(くちば)色 ………… 154
- 栗色 ……………………… 153
- 黒 ………………………… 183
- 群青 ……………………… 110
- 紅梅(こうばい)色 ……… 16
- 苔色 ……………………… 75
- 焦茶 ……………………… 147
- コチニールレッド ……… 29
- 琥珀色 …………………… 160
- 胡粉(ごふん)色 ………… 171
- 小麦色 …………………… 149
- 紺色 ……………………… 107
- 紺青(こんじょう) ……… 111

【さ行】

- サーモンピンク ………… 34
- 桜色 ……………………… 14
- 錆色 ……………………… 146
- 珊瑚(さんご)色 ………… 13
- シェルピンク …………… 33
- 紫紺(しこん) …………… 131
- 朱色 ……………………… 25
- しょうぶ(菖蒲)色 ……… 124
- 白 ………………………… 170
- 新橋色 …………………… 100
- 蘇芳(すおう) …………… 31
- スカーレット …………… 28
- スカイグレイ …………… 180
- 煤竹(すすたけ)色 ……… 155
- 砂色 ……………………… 174
- 墨 ………………………… 182
- 菫(すみれ)色 …………… 121
- 青磁色 …………………… 78

象牙色 ……………………173
空色 ……………………… 95

【た行】
ターコイズブルー ………113
代赭(たいしゃ) …………143
橙(だいだい)色 ………… 44
卵色 ……………………… 51
タン ……………………162
蒲公英(たんぽぽ)色 …… 53
茶色 ……………………142
チャコールグレイ………181
土色 ……………………140
躑躅(つつじ)色 ………… 17
露草色 …………………103
鉄色 ……………………109
鴇(とき)色 ……………… 12
常磐(ときわ)色 ………… 83
鳶(とび)色 ……………159

【な行】
茄子紺(なすこん) ………130
鉛色 ……………………179
納戸(なんど)色 …………104
肉桂(にっけい)色 ………152
鼠色 ……………………176

【は行】
バーガンディ …………… 38
灰色 ……………………175
肌色 ……………………… 48
鳩羽(はとば)色 …………132
縹(はなだ)色 …………… 99
バフ ……………………163
薔薇色 …………………… 18
ピーコックグリーン …… 88
ピーチ ……………………49
向日葵(ひまわり)色 …… 52
白群(びゃくぐん) ……… 97
白緑(びゃくろく) ……… 79
ヒヤシンス ……………112
鶸(ひわ)色 ……………… 66
檜皮(ひわだ)色 …………150

ピンク …………………… 32
深緑 ……………………… 84
藤色 ……………………120
ブロンズ ………………161
ブロンド ………………… 56
ベージュ ………………164
紅色 ……………………… 20
紅緋(べにひ) …………… 23
弁柄(べんがら)色 ………144
牡丹(ぼたん)色 ………… 19
ボルドー ………………… 37

【ま行】
抹茶色 …………………… 73
マリンブルー …………114
蜜柑(みかん)色 ………… 47
水色 ……………………… 94
ミッドナイトブルー …115
緑 ………………………… 76
海松(みる)色 …………… 74
紫 ………………………127
萌黄(もえぎ) …………… 69
萌葱(もえぎ)色 ………… 82
モーブ …………………135
桃色 ……………………… 15

【や・ら・わ行】
山吹色 …………………… 50
駱駝(らくだ)色 …………158
ラベンダー ……………133
利休鼠(りきゅうねずみ) …178
瑠璃(るり)色 …………105
レモンイエロー ………… 61
煉瓦(れんが)色 …………145
緑青(ろくしょう)色 …… 77
ワインレッド …………… 36
若草色 …………………… 68
若竹色 …………………… 80
若葉色 …………………… 71
勿忘草(わすれなぐさ)色 …102

参考文献

『色々な色』近江源太郎監修／ネイチャー・プロ編集室　光琳社出版
『日本の伝統色』改訂版　福田邦夫　東京美術
『眼で遊び心で愛でる日本の色』伊沢昭二／中江克己／中村修也／増田美子（文）　岡田正人／清水重蔵（写真）　学研マーケティング
『ヨーロッパの伝統色』色の小辞典　福田邦夫／財団法人日本色彩研究所編
『色の知識』城一夫著　青幻舎
『新版日本の伝統色』長崎盛輝　青幻舎
『日本の色』コロナ・ブックス編集部編　平凡社
『日本の伝統色』コロナ・ブックス編集部編　平凡社
『かさねの色目』平安の配色美　長崎盛輝著　京都書院
『色の用語辞典』長谷井康子著　新星出版社
『日本服飾史』増田美子編　東京堂出版
『定本和の色辞典』内田広由紀著　視覚デザイン研究所
『新版色の名前507』福田邦夫　主婦の友社
『フランスの色』コロナ・ブックス編集部編　平凡社
『「知」のビジュアル百科 結晶・宝石図鑑』R.F.シムス＆R.R.ハーディング／日本語版監修伊藤恵夫　あすなろ書房
『フィールドガイド　日本のチョウ』日本蝶類保全協会編　誠文堂新光社
『色彩からみる近代美術・ゲーテより現代へ』前田富士男編　三元社
『セザンヌから学ぶ絵画テクニック』深沢孝哉著　グラフィック社
『セザンヌとモネ』森美与子著　新人物往来社
『日本の色世界の色』永田泰弘　ナツメ社
『新版色の手帖』永田泰弘監修　小学館
『日本の269色』永田泰弘監修　小学館文庫

写真提供　※提供元名に続けて掲載ページを掲載

123RF：30・34・35・38・60・67・90・92・113・143・148・149・165・182

2000ピクセル以上の無料写真素材集：71・73・124・155・184

BEIZ Graphics：22・98

Food.foto：46・47

morgueFile：13・28・29・54・55・56・77・85・87・94・105・115・126・129・158・161・163・164・170・171・185

PAKUTASO：52・75・89・146・180

Photolibrary：64・109・118

Photo AC：33・36・51・61・62・68・70・76・146・160・172

Shutterstock：12・37・57・66・74・91・110・147・162・173・176・181

足成：39・49・62・63・88・112・140・152・157・159・175

市川豊玉：27

国立国会図書館：128

国立歴史民俗博物館：21・84・99・104・142・168・177

四季の山野草：23・32・44・58・59・106

早山智博：63

永田泰弘：14・15・16・17・18・19・20・24・25・26・34・45・48・50・53・69・72・78・79・80・81・82・83・86・95・97・101・102・103・107・114・120・121・122・123・125・127・130・132・133・134・135・141・144・145・150・151・153・154・156・174・178・179

ホルベイン工業株式会社：117

姫路市立美術館：42

福井市教育委員会事務局：96

メディアファクトリー新書

メディアファクトリー新書　087

カラー写真でよくわかる　色の便利帳

2013年10月31日　初版第1刷　発行

著　者　永田泰弘（ながた　やすひろ）

発行者　三坂泰二

発行所　株式会社KADOKAWA
　　　　〒102-8177　東京都千代田区富士見2-13-3
　　　　03-3238-8521（営業）

編　集　メディアファクトリー
　　　　0570-002-001（カスタマーサポートセンター）
　　　　年末年始を除く平日10：00〜18：00まで

印刷・製本　図書印刷株式会社

ISBN 978-4-04-066059-2 C0270
©Yasuhiro NAGATA 2013
Printed in Japan

http://www.kadokawa.co.jp/

※本書の無断複製（コピー、スキャン、デジタル化等）並びに無断複製物の譲渡及び配信は、著作権法上での例外を除き禁じられています。また、本書を代行業者などの第三者に依頼して複製する行為は、たとえ個人や家庭内の利用であっても一切認められておりません。

※定価はカバーに表示してあります。

※乱丁本・落丁本は送料小社負担にてお取替えいたします。カスタマーサポートセンターまでご連絡ください。古書店で購入したものについては、お取替えできません。